Los anglosajones

Un apasionante repaso a la gente y la historia de Inglaterra desde la Alta Edad Media hasta la batalla de Hastings

© Copyright 2025

Todos los derechos reservados. Ninguna parte de este libro puede ser reproducida de ninguna forma sin el permiso escrito del autor. Los revisores pueden citar breves pasajes en las reseñas.

Descargo de responsabilidad: Ninguna parte de esta publicación puede ser reproducida o transmitida de ninguna forma o por ningún medio, mecánico o electrónico, incluyendo fotocopias o grabaciones, o por ningún sistema de almacenamiento y recuperación de información, o transmitida por correo electrónico sin permiso escrito del editor.

Si bien se ha hecho todo lo posible por verificar la información proporcionada en esta publicación, ni el autor ni el editor asumen responsabilidad alguna por los errores, omisiones o interpretaciones contrarias al tema aquí tratado.

Este libro es solo para fines de entretenimiento. Las opiniones expresadas son únicamente las del autor y no deben tomarse como instrucciones u órdenes de expertos. El lector es responsable de sus propias acciones.

La adhesión a todas las leyes y regulaciones aplicables, incluyendo las leyes internacionales, federales, estatales y locales que rigen la concesión de licencias profesionales, las prácticas comerciales, la publicidad y todos los demás aspectos de la realización de negocios en los EE. UU., Canadá, Reino Unido o cualquier otra jurisdicción es responsabilidad exclusiva del comprador o del lector.

Ni el autor ni el editor asumen responsabilidad alguna en nombre del comprador o lector de estos materiales. Cualquier desaire percibido de cualquier individuo u organización es puramente involuntario.

Índice de contenidos

INTRODUCCIÓN 1
CAPÍTULO UNO - EL FIN DE LA DOMINACIÓN ROMANA EN BRITANIA 4
CAPÍTULO DOS - LA LLEGADA DE LOS ANGLOSAJONES A BRITANIA 20
CAPÍTULO TRES - EL NACIMIENTO DE LA INGLATERRA ANGLOSAJONA 31
CAPÍTULO CUATRO - LA SUPREMACÍA MERCIA 50
CAPÍTULO CINCO - LOS ANGLOSAJONES Y LA ERA VIKINGA 68
CAPÍTULO SEIS - LA FORMACIÓN DE INGLATERRA 94
CAPÍTULO SIETE - DE ÆTHELRED EL DESPREVENIDO A GUILLERMO EL CONQUISTADOR 110
CONCLUSIÓN 130
VEA MÁS LIBROS ESCRITOS POR ENTHRALLING HISTORY 133
FUENTES 134
FUENTES DE IMAGENES 136

Introducción

Oír el nombre "anglosajón" produce sentimientos muy diversos tanto en los estudiantes de historia ocasionales como en los curiosos. De hecho, aunque este nombre es reconocible para la mayoría, ha habido muchas percepciones cambiantes e incluso mitos en relación con este grupo de personas.

Tenemos una idea general de quiénes eran los anglosajones y dónde vivían. La mayoría de la gente sabe que el término describe a un grupo etnocultural que habitó las Islas Británicas durante la Edad Media. De hecho, hasta la evolución de los estudios recientes (posible en parte gracias a nuevos descubrimientos arqueológicos), la creencia generalizada era que los anglosajones ocupaban un lugar entre Roma y Guillermo el Conquistador en la historia de Gran Bretaña. Este concepto procedía de la popularidad mucho más extendida de estos dos referentes históricos, pero no debe reducir la importancia de los anglosajones en la historia inglesa y europea.

Pero ¿por qué exactamente? ¿En qué sentido son relevantes los anglosajones hoy en día? Tras el velo de misterio que rodea a los anglosajones se esconde la dinámica cultura de un pueblo único. Tan profundamente ejerció esta cultura su influencia durante la Alta Edad Media que sus legados pueden observarse a simple vista. El inglés moderno desciende directamente de la lengua que hablaba este pueblo: el inglés antiguo. También dieron nombre a Inglaterra (la tierra de los anglos) y establecieron los primeros reinos ingleses de los que surgiría un Reino de Inglaterra unificado en el siglo X.

Los anglosajones, antaño invasores germánicos paganos, fueron los responsables de sembrar las semillas sociales y culturales que dieron forma a Inglaterra, incluida la conversión al cristianismo. Algunos de los centros más reconocidos y antiguos de las prácticas cristianas inglesas, como Canterbury, York, Rochester y Winchester, se remontan a la época de los anglosajones. Incluso el actual sistema administrativo inglés se remonta a los anglosajones, que remodelaron y revitalizaron los patrones de asentamiento de la Gran Bretaña post-romana tras la destrucción de los antiguos centros romanos.

Todo esto, combinado con un asombroso patrimonio cultural y material y una historia apasionante, deja claro que los anglosajones son muy relevantes.

Sin embargo, antes de sumergirnos en la historia de los anglosajones, debemos tener en cuenta un detalle importante: ¿a quién se refiere exactamente este término? Surgen problemas a la hora de asignar etnónimos a grupos de personas del pasado, sobre todo teniendo en cuenta que la Alta Edad Media, también conocida como la Edad Oscura, es famosa por no producir muchos registros escritos. Analizaremos la aparición del término "anglosajón" con más detalle en los capítulos que siguen, pero debemos establecer aquí que los anglosajones son un grupo identificable y distinto que puede estudiarse adecuadamente.

Los pueblos cuya historia vamos a relatar no se denominaban necesariamente anglosajones. Sin embargo, las fuentes empezaron a utilizar esta distinción en el siglo VIII. El rey Alfredo el Grande, una de las figuras más destacadas de la época, se autodenominaba "rey de los anglosajones" en la segunda mitad del siglo IX. Como veremos más adelante, el nombre "anglosajón" se ha utilizado en ocasiones para combinar muchos atributos importantes en una identidad cultural, religiosa, lingüística, nacional, social o étnica. Exploraremos exactamente cómo se utilizaron estas identidades en distintos contextos.

Este libro se centra en la historia de los anglosajones, el grupo de pueblos que dominó la Inglaterra post-romana de la Alta Edad Media hasta su derrota por Guillermo el Conquistador en 1066. En los primeros capítulos, analizaremos la Gran Bretaña bajo el control tardío de los romanos y el impacto sociopolítico y cultural que los romanos dejaron en la isla al ser expulsados gradualmente por los bárbaros migratorios. A continuación, analizaremos el colapso de la dominación romana en Britania y la sustitución gradual de la sociedad romana por la anglosajona.

Los capítulos centrales del libro se ocuparán del establecimiento de la sociedad anglosajona en Gran Bretaña, incluida la era de la cristianización, que se inició a partir del siglo VII. La cristianización vino de la mano de la aparición de las primeras entidades políticas en Inglaterra, que podemos denominar reinos. Con el paso de los años, las diferencias territoriales y políticas entre estos reinos aumentaron hasta que los antiguos cacicazgos tribales fueron sustituidos por un método de organización política muy influido por el cristianismo.

También examinaremos la evolución cultural y socioeconómica que dio origen a esta civilización única en las Islas Británicas. Exploraremos la historia de los primeros reinos anglosajones que lucharon entre sí por el dominio antes de toparse con su enemigo más peligroso: los vikingos. Las complejas relaciones que surgirían entre los anglosajones y los vikingos darían forma a la parte final de la historia anglosajona.

Los últimos capítulos del libro abarcarán la conquista normanda de Inglaterra y sus consecuencias. Además de las consecuencias políticas inmediatas, esto incluyó la aceptación, modificación gradual y apropiación de la historia anglosajona de Inglaterra.

Capítulo Uno - El fin de la dominación romana en Britania

En este capítulo resumiremos brevemente la historia de la dominación romana en Britania y analizaremos los últimos años de Britania como provincia romana. Tras apoderarse de Britania a finales del siglo I d. C., los romanos perdieron el control a principios del siglo V d. C. Aunque Britania se encontraba en los confines del Imperio romano, en el siglo IV d. C. ya estaba bien integrada. La población autóctona libre de la isla, de origen celta, ya era ciudadana romana de pleno derecho cuando el imperio empezó a experimentar prolongados periodos de crisis internas y externas. Así pues, este capítulo examinará la naturaleza del control romano sobre Britania y el declive gradual del dominio romano en la isla.

Britania romana

Britania, o Britannia, como la llamaban los romanos, fue una de las provincias más singulares del Imperio romano. Las primeras expediciones romanas a Britania fueron organizadas por Julio César cuando cruzó el canal de la Mancha en dos ocasiones durante sus conquistas de la Galia. Estas expediciones, en los años 55 y 54 a. C., obtuvieron escasos logros territoriales. La conquista de Britania no comenzó propiamente hasta el año 43 d. C. bajo el emperador Claudio.

Sin embargo, incluso antes de César, la población local bretona de la isla estaba bajo la esfera de influencia romana, comerciando intensamente con mercaderes de las provincias romanas vecinas. En el año 77 d. C., Gales había sido conquistada. Durante el resto del siglo, las legiones romanas al mando del general Gneo Julio Agrícola continuaron afirmando el poder romano en el norte de la isla. Finalmente, en 122 d. C., se estableció la frontera septentrional de la provincia con la construcción del Muro de Adriano, una estructura defensiva que se extendía a lo largo de la isla a lo largo del río Tyne. Construido para disuadir las invasiones de las siempre feroces tribus celtas del norte, marcó el alcance del control romano directo sobre Britania y siguió desempeñando muy bien su papel durante los dos siglos siguientes.

Britania era una de las provincias más lejanas del vasto Imperio romano que, en su apogeo, ejerció su influencia hasta Mesopotamia. El hecho de que fuera una gran isla fuera del *Mare Nostrum* ("Nuestro Mar", como llamaban los romanos al Mediterráneo) hacía que su control fuera aún más notable. En términos de utilidad, Britania no era nada especial para Roma, al menos en términos económicos. Tenía un clima terrible y se caracterizaba por la falta de tierras cultivables en sus partes occidental y septentrional, lo que dificultaba enormemente la práctica de la agricultura a gran escala. Algunos de los productos de la isla, como el estaño, eran muy valiosos, pero esto no era ni mucho menos suficiente para impulsar a Britania al estatus de provincia romana rentable, sobre todo teniendo en cuenta las riquezas con las que otras tierras lejanas abastecían a Roma.

Teniendo en cuenta la relativa insignificancia económica de Britania, podría parecer extraño que albergara una parte significativa de las legiones romanas ya a mediados del siglo II. Hasta 50.000 soldados romanos estaban estacionados en la isla, un número que constituía aproximadamente una décima parte del ejército romano. Estos soldados vigilaban principalmente las fronteras occidental y septentrional de Britania, apoyados por una red de fuertes.

Sin embargo, el proceso de romanización de Britania fue lento y gradual. Con el tiempo, Roma logró sus objetivos allí tan bien como lo había hecho en otros lugares, principalmente porque los beneficios que trajeron los romanos fueron inmensos. Los principales beneficios para la población local eran la seguridad y la interconexión con el resto del mundo "civilizado", lo que significaba integración económica y sociocultural. Gran Bretaña se convirtió en una provincia romana normal, y su población se consideraba romana con todo derecho.

La amplia presencia militar romana en la isla aceleró sin duda su control de Britania e hizo inútil la posible resistencia de los lugareños. De hecho, no hay constancia de una revuelta unida a gran escala contra el dominio romano en Britania hasta bien entrado el siglo IV. Para entonces, el Imperio romano estaba en declive. En sólo doscientos años, los romanos transformaron radicalmente la vida cotidiana de Britania, y la provincia pareció aceptar su nuevo papel como parte del cosmopolita mundo romano.

En 197, cincuenta años después del establecimiento del Muro de Adriano como frontera septentrional de la provincia, Britania se dividió en dos unidades administrativas: la Alta y la Baja Britania. Cien años más tarde, bajo el emperador Diocleciano, se implantaron nuevas divisiones administrativas. En 314, la provincia romana estaba formada por cuatro unidades. El norte, con capital en York, se reorganizó en Britania Secunda; el oeste, incluidas las posesiones romanas en Gales, se denominó Britannia Prima, con Cirencester como capital; la parte centro-oriental de la isla se convirtió en Flavia Caesariensis, centrada en Lincoln; y, por último, la parte meridional de Britania se denominó Maxima Caesariensis, que albergaba Londres y era la más avanzada socioeconómicamente de las cuatro.

Mapa de la Britania romana[1]

Los romanos hicieron de Londres el centro administrativo de la provincia, aprovechando la importancia que tenía la ciudad antes de su llegada. Aquí residía el *vicario*, representante del emperador y el administrador romano más importante de la isla. El *vicario* era responsable del gobierno de la provincia y dependía directamente del emperador. Los gobernadores de las cuatro subprovincias de Britania, en cambio, se ocupaban más de la burocracia cotidiana: recaudación de impuestos, resolución de litigios, mantenimiento del orden público y empleo de funcionarios.

Los registros indican que las personas que ocupaban estos cargos eran nombradas directamente por el gobierno central romano y eran cambiadas con frecuencia para evitar el abuso de poder. Sin embargo, esto era frecuente. La burocracia romana estaba llena de individuos ávidos de poder, y la corrupción campaba a sus anchas en Britania, como en cualquier otra provincia romana. De hecho, era mucho más fácil practicar la corrupción en Britania, teniendo en cuenta que los emperadores no disponían de ningún medio eficaz para imponer su autoridad en una provincia tan remota. Dependían en gran medida de la buena voluntad de sus gobernadores designados.

La romanización de los asentamientos británicos puede observarse tanto en las descripciones de los mismos en las fuentes primarias como en las pruebas arqueológicas. Tras la conquista romana, las diferentes tribus dirigidas por sus respectivos caciques continuaron al principio dominando y organizándose en áreas ampliamente definidas. Estos dominios de los antiguos cacicazgos tribales se denominaron civitates, y las ciudades y asentamientos que cayeron bajo sus abruptos límites pronto llevaron las marcas de la influencia romana.

La relativa paz y seguridad que trajeron los romanos se tradujo indirectamente en un crecimiento continuo de la población de Britania. Este crecimiento aceleró el proceso de urbanización. Las ciudades más grandes pronto se organizaron de una manera profundamente romana, con calles cuadriculadas y un centro urbano que contenía un mercado, baños públicos y edificios administrativos. Las ciudades más grandes acogían regularmente a comerciantes y agricultores del campo, que acudían a estos centros para hacer negocios. Los romanos también prestaron gran atención a la construcción de murallas alrededor de las ciudades, una característica importante de los pueblos celtas incluso antes de la llegada de los romanos. La mayoría de las murallas de piedra se construyeron bajo la supervisión de los ejércitos romanos en el siglo III.

Las civitates estaban gobernadas por consejos locales que trabajaban codo con codo con los funcionarios romanos designados para mantener el orden público y regular la vida pública. Sólo algunos hombres podían ser miembros de estos consejos, denominados decuriones, y los burócratas solían recompensarles por su dedicación y sus distinciones con ascensos.

La campiña de Britania también llegó a parecerse a la típica campiña romana vista en provincias que habían estado bajo control romano durante muchos siglos, como Italia o Iberia. Los decuriones solían proceder de familias adineradas que poseían tierras fuera de las ciudades. Las pruebas arqueológicas han revelado que probablemente vivían en fincas que se asemejaban mucho a las villas italianas en todos los aspectos, sobre todo en su grandeza o fastuosidad. Algunas de estas villas, construidas en los siglos III y IV, estaban hechas de materiales importados y presentaban características como suelos de mosaico con representaciones de la mitología romana. Las villas estaban rodeadas de tierras de labranza y viviendas más pequeñas, probablemente destinadas a campesinos libres o esclavos que trabajaban para los ricos propietarios de las fincas. Por supuesto, el campo de la época de la Britania romana también albergaba pequeñas aldeas y granjas, donde vivían las clases más bajas de la sociedad.

La economía de la Britania romana, como ya hemos dicho, no tenía nada de especial. Como en todas partes, estaba fuertemente ligada a la vida urbana o rural y, a veces, incluso regulada por la legislación. Por ejemplo, las ciudades británicas estaban llenas de diferentes artesanos, como sastres, carpinteros, herreros y tejedores, que debían transmitir sus profesiones a sus hijos como parte del derecho romano. Médicos, abogados y maestros, aunque menos numerosos, también formaban parte de la mano de obra de las ciudades. La cerámica era uno de los productos más importantes, no sólo en los mercados nacionales sino también en otras provincias romanas.

Por último, la composición cultural de la Britania romana era muy interesante. Al igual que en otras provincias del imperio, el culto imperial romano, que veneraba a los emperadores y a la propia Roma, se integró en las creencias religiosas locales de los britanos. Roma mantenía una relación relativamente tolerante con las tradiciones y sistemas de creencias locales siempre que las poblaciones recién integradas respetaran las costumbres romanas y reconocieran la superioridad de la cultura romana. En Britania, por ejemplo, se veneraba el panteón romano de dioses y el culto a Augusto, el emperador tras el cual el culto imperial adquirió especial relevancia. Se construyeron templos en las ciudades británicas y las pruebas demuestran que la población seguía activamente las prácticas rituales. Con el tiempo, los dioses del igualmente diverso panteón celta se asociaron con sus homólogos romanos. Esto, combinado con la imposición de la civilización romana, que por lo demás lo abarcaba todo, hizo que los britanos fueran ciudadanos romanos bien asimilados.

En el siglo IV comenzarían a producirse profundos cambios culturales en Gran Bretaña, cuando el Imperio romano empezó a tolerar y, finalmente, a aceptar el cristianismo como religión oficial. Durante los primeros siglos desde la llegada del cristianismo a la Judea romana, los emperadores romanos habían ejercido diferentes grados de tolerancia.

Las razones de la aversión generalizada inicial al cristianismo eran múltiples. En primer lugar, estaba la extraña naturaleza del sistema de creencias y sus rituales. Un factor más importante, causado por el crecimiento relativamente rápido y multirregional de la religión, era que socavaba la autoridad religiosa, cultural y política romana. La persecución del cristianismo alcanzó su punto álgido con el reinado de Diocleciano, quien, junto con sus cogobernantes, promulgó una serie de edictos a principios del siglo IV que restringían severamente el culto y los derechos de los cristianos.

En Britania, el ejemplo más destacado de persecución fue San Albano, considerado el primer mártir cristiano británico del que se tiene constancia. Sin embargo, bajo el emperador Constantino el Grande, la persecución del cristianismo cesaría en torno al año 312. Según la leyenda, Constantino llegó a creer en el Dios cristiano tras presenciar una visión de la cruz antes de una importante y difícil batalla. Tras lograr la victoria, Constantino comenzó a desalentar la persecución de los cristianos y promovió activamente la religión, concediendo al clero cristiano el derecho de reunión y práctica pacíficas. Así, sabemos que tres obispos de Britania estuvieron presentes en el Sínodo de Arlés, celebrado en la Galia romana en 314.

Amenazas para la Britania romana

A finales del siglo III, la Britania romana comprendía esencialmente territorios de la mayor parte de la actual Inglaterra y las zonas más orientales de Gales. Aunque varios generales romanos hicieron campaña en las Tierras Altas escocesas poco después de llegar a Britania, los romanos habían abandonado sus esfuerzos por conquistar las zonas más septentrionales de la isla (la actual Escocia), como hemos mencionado antes. Los fuertes a lo largo de la Muralla de Adriano estaban vigilados en todo momento. Sin embargo, esto no quiere decir que no hubiera contacto con las tribus celtas que vivían al norte del muro. La evidencia arqueológica sugiere que las tribus dependían de los romanos para el comercio. Los asentamientos excavados al norte de la muralla guardan muchas similitudes con los de los territorios bajo control romano directo.

En Gales, la influencia romana no fue tan duradera a pesar de las extensas campañas que los romanos realizaron allí durante el siglo I. Esto se debió en parte al terreno montañoso de Gales y a la falta de buenas infraestructuras, lo que significaba que la región no estaba tan interconectada con el resto de Gran Bretaña. Las guarniciones militares estacionadas inicialmente en las fortalezas romanas más occidentales de Gales parecen haber sido abandonadas en el siglo IV, y hay bastantes menos villas de estilo romano en Gales que en Inglaterra.

El control romano se vio amenazado por los bárbaros que vivían fuera de estas escarpadas fronteras. Los enemigos más conocidos de los romanos en Britania eran los pictos ("los pintados"), que habitaban en las tierras altas escocesas. Los pictos solían lanzar sus ataques contra los puertos orientales más ricos de la Britania romana.

Los pictos se consideran descendientes de los antiguos caledonios, que vivían en el norte de Britania antes de la llegada de los romanos. Al igual que ocurre con otras tribus, sabemos muy poco de los pictos a pesar de la convincente herencia cultural que dejaron, incluidas grandes piedras que contienen complejas tallas ornamentales. Estas piedras talladas de los pictos se utilizaban probablemente para demarcaciones fronterizas y lápidas funerarias y se encuentran sobre todo en el este y centro de Escocia; datan aproximadamente del siglo VII.

Las costas romanas también sufrieron las incursiones de los celtas irlandeses, especialmente de los escotos, una de las tribus bárbaras más mencionadas en las fuentes antiguas. Su cultura es algo diferente de la de los demás pueblos celtas de Britania, lo que puede atribuirse lógicamente a la separación geográfica de las islas.

Curiosamente, los bárbaros más temidos que representaban una amenaza para Britania durante la dominación romana eran las tribus marineras del norte de Alemania y la península danesa, a saber, los sajones, los anglos y los jutos. Los romanos los identificaban a todos simplemente como sajones, término que se utilizaría más tarde para distinguir entre los eventuales habitantes anglosajones de Britania y los sajones que vivían en la Europa continental. A partir del siglo II, los frecuentes contactos entre sajones y romanos dieron lugar a los avances de estas sociedades bárbaras en el campo de la metalurgia, con el uso del oro, la plata y el bronce en armas y con fines decorativos.

Por supuesto, Britania no era la única provincia del Imperio romano que sufría invasiones bárbaras con regularidad. Así ocurría en todas las provincias europeas. La contención de estas invasiones, la mayoría de las cuales eran relativamente a pequeña escala, era posible si se mantenía una presencia militar constante en la frontera. Esta presencia dependía de múltiples cosas. En primer lugar, dependía del trato a los soldados y de la infraestructura existente: si se pagaba a los soldados y cómo se pagaba, sus condiciones de vida, el mantenimiento de las carreteras y las comunicaciones, y la constancia de los suministros a las posiciones fronterizas. En segundo lugar, la defensa de las fronteras de Roma frente a los bárbaros también dependía de sus responsables. La historia de Roma puede analizarse observando los reinados de los diferentes emperadores, porque ellos tomaban las decisiones relativas a todos los aspectos de la vida romana, sobre todo los asuntos militares.

Era, por supuesto, la autoridad ilimitada de los emperadores lo que les permitía ejercer una influencia tan directa sobre sus dominios. Sin embargo, a menudo surgían problemas antes de que el siguiente emperador designado obtuviera el poder y la autoridad necesarios para ser reconocido como emperador. En el Imperio romano, la transferencia de poder de un emperador al siguiente era notoriamente complicada. La práctica de que los emperadores eligieran a sus sucesores rara vez funcionaba, y la inmensidad del imperio permitía que muchos usurpadores desafiaran su autoridad.

En la mayoría de los casos, los usurpadores eran líderes militares que se habían ganado la lealtad y el apoyo de sus tropas y habían dirigido sus fuerzas en las partes más distantes del Imperio romano. Cada general estaba al mando de decenas de miles de soldados, un número necesario para mantener el control en las numerosas provincias de Roma. Estos generales solían prometer a sus soldados gloria y riquezas a cambio de su apoyo en la lucha por el título de emperador. Los soldados, por lealtad forjada tras años de mando, apoyaban a sus líderes.

A menudo, había varios "emperadores usurpadores" a la vez, todos reclamando su autoridad en diferentes provincias del imperio. Esto significaba que el emperador real, que nominalmente había heredado el título de su predecesor, tenía que derrotarlos en batalla para ser propiamente *el* emperador de Roma.

Sin embargo, en Britania, hasta finales del siglo III, hubo menos problemas de mantenimiento militar deficiente y de posibles usurpadores. Esto significaba que, a pesar de ser una provincia fronteriza del Imperio romano, Britania resistió las incursiones bárbaras. Las tropas estaban constantemente emplazadas en las fronteras y disfrutaban de buenas condiciones en las fortalezas que ocupaban. Las ciudades británicas más importantes también estaban amuralladas en el siglo III, a diferencia de las antiguas ciudades similares de la Galia, que sólo empezaron a construir importantes defensas de piedra después del reinado del emperador Aureliano (270-275).

Los emperadores romanos de la segunda mitad del siglo III, Aureliano, Probo y Diocleciano, eran todos generales veteranos que habían adquirido experiencia luchando en Oriente contra potencias tecnológicamente mucho más avanzadas. Tras acceder al poder, reforzaron las defensas de las provincias romanas más vulnerables.

En Britania, esto también significó reforzar el sistema de fortalezas y dedicar más recursos a las guarniciones romanas. A medida que se intensificaban las incursiones sajonas en las costas orientales de Inglaterra a finales del siglo III, las autoridades romanas mejoraron la capacidad defensiva de las ciudades costeras y los puertos y establecieron nuevos fuertes entre las principales ciudades. Estas medidas pretendían no sólo disuadir a los bárbaros de intentar atacar las costas de Britania, sino también impedir que las bandas de bárbaros sin escrúpulos llegaran al corazón de la isla.

Un comandante militar romano de origen belga, Marco Carausio, había sido nombrado comandante de la armada romana en el Canal de la Mancha gracias a su destreza en la lucha contra los bárbaros. La armada debía defender las costas del norte de la Galia y Britania de las incursiones de los bárbaros sajones y francos. El cargo de Carausio era muy poderoso, ya que le confiaba el mando sobre miles de hombres. Sin embargo, en 286, el Augusto romano Maximiano culpó a Carausio de colaborar con los bárbaros y abusar de sus poderes. No hay pruebas de que las acusaciones de Maximiano contra Carausio estuvieran justificadas, pero Carausio, en respuesta, se declaró emperador de Britania y la Galia y se rebeló abiertamente contra la autoridad imperial central. Carausio tenía considerablemente más poder que Maximiano, derivado del hecho de que el ataque de Maximiano a la posición de Carausio en 289 fue rechazado.

Carausio se mantuvo en el poder en el norte de la Galia y en Britania. Reforzó sus defensas e incluso acuñó sus propias monedas, con las que pagaba a los soldados imperiales estacionados en los territorios que controlaba. Los historiadores creen que esto podría sugerir que se consideraba igual que los césares romanos y que gozaba del apoyo popular. Su ejército estaba formado por sus antiguos y leales seguidores, legiones romanas en Britania y bandas de mercenarios bárbaros.

En 293, Carausio fue asesinado por uno de sus subordinados, Alecto, que se declaró emperador de Britania y continuó desafiando a la autoridad imperial central en Roma. Sin embargo, para entonces, el emperador romano de Occidente Constancio Cloro ya estaba harto de los usurpadores y había lanzado una exitosa invasión de la Galia, recuperando gran parte del territorio usurpado por Carausio. Así, Alecto y sus partidarios huyeron a Britania, donde establecieron sus defensas y resistieron a las fuerzas del emperador "real" durante tres años más, hasta 296.

La reafirmación del poder de Constancio en el norte de la Galia y Britania marcó el final de la rebelión. Tras este incidente, el emperador Diocleciano introdujo profundos cambios administrativos en Britania para garantizar que un solo usurpador no pudiera volver a desafiar a la autoridad central. Las medidas de Diocleciano aportaron una relativa estabilidad a Britania durante muchas décadas (aunque, como hemos mencionado, la isla fue objeto de repetidas incursiones bárbaras durante el siglo IV).

Tres usurpadores

Aunque el año 410 se considera generalmente el final del dominio romano sobre Britania, el declive de la influencia romana en la isla fue un proceso gradual. Como se ha demostrado, la Britania romana se enfrentó a numerosas amenazas internas y externas entre los siglos I y IV, pero le fue relativamente bien. El sistema de defensas establecido en Britania demostró ser eficaz, y mientras se mantuvo la presencia militar, las invasiones bárbaras no pudieron debilitar significativamente el control romano en la provincia.

Sin embargo, a finales del siglo IV, la situación en Britania empezó a deteriorarse, en consonancia con la situación general del Imperio romano de Occidente. El imperio luchaba contra la migración de las tribus bárbaras que se vieron obligadas a desplazarse hacia el oeste, hacia los territorios del Imperio romano, durante la Gran Migración, así como contra las crisis económicas, la sobre expansión, la corrupción y las guerras civiles entre influyentes líderes militares. Todos estos factores influyeron en el declive del dominio romano en Britania. Comenzó cuando tres usurpadores consecutivos, como Carausio casi un siglo antes, desafiaron la autoridad del poder imperial.

En 383, el general romano Magno Máximo, que había sido destinado a Britania tres años antes, instigó la primera revuelta, declarándose emperador. No está claro si esta decisión era la intención de Máximo o si sus soldados descontentos le empujaron a rebelarse, al sentirse desfavorecidos por el creciente número de soldados extranjeros en los ejércitos romanos. Sea como fuere, Máximo, utilizando sus fuerzas de Britania, se impuso rápidamente en el norte de la Galia, haciendo de la ciudad de Augusta Treverorum (la actual Tréveris) su centro. Ese mismo año, derrotó al emperador occidental Graciano, muerto en una escaramuza en el sureste de Francia, y marchó a Italia para instalarse como emperador "legítimo" en Roma.

Sin embargo, Máximo fue frenado en seco por otro general romano, Flavio Bauto, que negoció con él en nombre del sucesor de Graciano, Valentiniano II, de doce años de edad. Al final, Máximo fue reconocido como el "Augusto" de la Galia y Britania, un rango que técnicamente le hacía igual a Valentiniano y Teodosio, el gobernante en el este. Durante los años siguientes, Máximo, ahora el reconocido y legítimo Augusto de la Galia y Britania, supervisó las defensas contra los bárbaros. Puede que incluso hiciera campaña contra los pictos en el norte.

Aun así, parece que Máximo aspiraba a convertirse en César, ya que intentó aprovechar la oportunidad cuatro años más tarde, llevando sus fuerzas desde Britania y la Galia hasta el norte de Italia y atacando la ciudad de Milán. Milán era la capital del aún joven emperador

Valentiniano II y de su madre, Justina, que probablemente ejercía mucha influencia sobre su hijo y gobernaba entre bastidores. Se vieron obligados a huir a la ciudad griega de Tesalónica, donde suplicaron la ayuda del emperador oriental Teodosio. Antes de que Teodosio pudiera reunir adecuadamente sus fuerzas y dirigirlas personalmente para enfrentarse a Máximo en la batalla, este hizo valer su poder en las demás ciudades italianas. Se preparó para defenderse de la inminente respuesta del este en el río Save. Los dos ejércitos se encontraron finalmente cerca de la ciudad de Siscia, en la actual Croacia, donde Teodosio derrotó a los hombres de Máximo. Capturó al usurpador y lo hizo ejecutar por traición, poniendo fin así a la primera gran rebelión de Britania a finales del siglo IV.

El emperador Teodosio I, que reinó como emperador romano de Oriente hasta su muerte a principios del año 395, está considerado como uno de los últimos grandes emperadores antes de la caída de Roma en 476. Además de derrotar al usurpador Magno Máximo, estabilizó relativamente bien la migración masiva de bárbaros a los territorios del imperio, integrando a muchos de ellos pacíficamente en tierras romanas. Inmediatamente después de derrotar a Máximo, reafirmó el control sobre la Galia y Britania y envió legiones de vuelta a la Muralla de Adriano para seguir protegiéndola de los ataques bárbaros.

En 392, otro usurpador, Eugenio, intentó desafiar la autoridad de Teodosio, pero éste puso fin a la revuelta dos años más tarde. A finales del 394, sin embargo, comenzó a sufrir una grave enfermedad y murió en enero del año siguiente. Su hijo de diez años, Honorio, le sucedió como emperador en Occidente, mientras que su hermano mayor, Arcadio, gobernó en Oriente. Como Honorio era demasiado joven para gobernar, Estilicón, el marido de la sobrina de Teodosio, asumió su regencia.

Durante esta época, Britania quedó cada vez más aislada del resto del imperio. El recrudecimiento de las invasiones bárbaras en tierras romanas dificultaba el establecimiento de comunicaciones. Es posible que al principio Estilicón hiciera campaña en Britania contra los escoceses y los pictos, pero en algún momento del año 401 o 402, solicitó el apoyo de las legiones britanas para luchar contra los bárbaros en la Galia.

Aunque continuaron las incursiones bárbaras en las zonas más expuestas de Britania, la situación empeoró mucho a finales del año 406, cuando un gran número de bárbaros emigrantes tomaron la crucial decisión de cruzar el río Rin, la frontera que separaba la Galia romana de las tierras de las tribus germánicas. Los bárbaros ya habían emigrado a tierras romanas en numerosas zonas, y a muchos incluso se les ofrecieron puestos en los ejércitos romanos como *soldados foederati*. Sin embargo, el cruce del Rin, que muy probablemente tuvo lugar el último día del año 406, marcó un acontecimiento significativo. En las crónicas contemporáneas se menciona como el acontecimiento que provocó la destrucción generalizada de las ciudades romanas en la Galia.

Las legiones romanas fueron incapaces de impedir que los bárbaros cruzaran el río, ya que había permanecido helado durante todo el invierno. Las defensas a lo largo del Rin también podrían haberse debilitado, con soldados enviados a defender Italia de las invasiones más inmediatas de vándalos, visigodos y ostrogodos que amenazaban el corazón del imperio. Cualesquiera que fuesen las razones de la travesía, ciudades como Maguncia, Reims, Amiens y muchas otras fueron saqueadas por hordas de tribus alanas, alemanas, borgoñonas, sajonas, sármatas y vándalas, lo que aumentó la presión sobre el Imperio romano de Occidente. A partir de este momento, se hizo cada vez más evidente que era imposible para Roma salvar la situación.

La travesía del Rin tuvo una gran importancia para la Britania romana. Los ciudadanos estaban claramente desencantados por la decisión del emperador Honorio de retirar a muchos soldados de Britania, pues creían que la nueva oleada de invasiones bárbaras también suponía una amenaza para la isla. Así, a principios de 406, el pueblo de Britania se rebeló de nuevo, eligiendo a su propio emperador, un distinguido soldado llamado Marco. Sólo duró unos meses como usurpador antes de ser derrocado en favor de otro soldado, Graciano. Es probable que los soldados romanos que quedaban en Britania organizaran estas rebeliones, motivados por el hecho de que llevaban años sin cobrar de Roma y querían tomar cartas en el asunto.

Sea como fuere, Graciano también fue derrocado a principios del 407, sustituido por otro hombre: Flavius Constantinus. Constantinus, o Constantino, fue elegido en respuesta directa a los bárbaros que cruzaban el Rin, deducida de sus acciones tras asumir el poder en febrero del 407. Poco después de usurpar el poder, tomó las fuerzas británicas restantes y cruzó el canal de la Mancha para llegar a la ciudad de Bolonia. Este movimiento estaba calculado para luchar directamente contra los bárbaros invasores o restablecer el contacto con la autoridad imperial central en Roma para pagar a su ejército. La segunda posibilidad es menos probable, ya que Constantino se estaba rebelando técnicamente contra Roma. Es poco probable que el gobierno hubiera satisfecho sus demandas a menos que se impusiera por la fuerza.

La siguiente maniobra de Constantino es aún más extraña. Tras llegar a la Galia y afirmarse en Bolonia, confió el control de una parte de su ejército a uno de sus comandantes, Geroncio, y lo envió a España. Tras llegar a España, Geroncio se rebeló contra su antiguo general, muy probablemente en 409, y más tarde volvió a enfrentarse a él, levantando a la población de la Galia contra él. En un giro aún más extraño de los acontecimientos, por la misma época, Constantino fue brevemente reconocido por el emperador Honorio como coemperador, después de lograr algunos éxitos contra los bárbaros en la Galia.

Britania, por su parte, estaba sufriendo duramente los renovados ataques sajones, escoceses y pictos en 408-409, resultando cada vez más difícil repelerlos sin una presencia militar. La población britana de las ciudades, que no había recibido ninguna ayuda del imperio, decidió expulsar a los administradores romanos, refiriéndose, muy probablemente, a los que Constantino había puesto en su lugar. Esto también ocurrió en la Galia.

Conocemos este inesperado giro de los acontecimientos gracias al historiador griego Zósimo, que vivió en Constantinopla a finales del siglo V y escribió sobre la historia del Imperio romano desde mediados del siglo III hasta principios del siglo V. Zósimo achaca este nivel de desencanto al poco éxito de la rebelión de Constantino y a su incapacidad para conseguir un apoyo generalizado. Escribe que la situación en Britania no cambió para bien con el ascenso de Constantino, que ignoró en gran medida la isla e impulsó su propia agenda, que acabó en un completo fracaso. Para complicar aún más las cosas, en 411, tras su intento de invasión de Italia, Constantino fue capturado y ejecutado por Honorio, lo que provocó el fracaso total del control romano en la Galia y Britania durante un tiempo.

Sin embargo, las incursiones bárbaras en Britania continuaron. Según Zósimo, la población británica solicitó ayuda nada menos que al emperador Honorio. Al parecer, esta petición fue rechazada por el emperador en 410. No estaba en condiciones de ofrecer ayuda a los británicos y les dijo que organizaran las defensas por su cuenta.

Sin embargo, no está claro que esta correspondencia entre los britanos y Honorio tuviera lugar. Por un lado, la cohesión de las comunicaciones romanas en aquella época era cuestionable, ya que el funcionamiento administrativo del imperio estaba fallando debido al aumento de las invasiones bárbaras. Además, Britania seguía técnicamente rebelada contra Honorio. (Las legiones britanas habían proclamado emperador a Marco en 406). Es posible que pensaran que la ayuda financiera o militar de Roma era la única forma de acabar con las incursiones bárbaras y estuvieran dispuestos a declarar su lealtad al emperador. Dado que la descripción de estos acontecimientos en los escritos de Zósimo se produce en medio de su relato de la situación en curso en Italia, muchos historiadores creen incluso que confundió Britania con la provincia italiana de Brettia.

Aun así, el año 410 marca el fin del control romano sobre Britania, ya que las fuerzas romanas nunca volvieron a reforzar Britania. En su lugar, la población romano-británica de la isla tuvo que encontrar la manera de adaptarse a las circunstancias cada vez más difíciles, marcando una nueva era en la historia de Britania.

Capítulo Dos - La llegada de los anglosajones a Britania

En el año 410, el Imperio romano de Occidente estaba al borde del colapso. Cada vez resultaba más difícil hacer frente a las oleadas migratorias de bárbaros hacia sus territorios, y el imperio luchaba contra una serie de problemas internos que reducían considerablemente su capacidad para gobernar con eficacia. Como consecuencia, el emperador había dejado de preocuparse por las provincias más alejadas del imperio, incapaz de proporcionarles apoyo militar y financiero e instándolas a defenderse por sí mismas frente a la amenaza bárbara. Tras serle denegada la ayuda, la población británica comprendió que era inútil seguir confiando en la autoridad imperial central. Britania se quedó sola y, si quería sobrevivir, tenía que hacerlo sola. En este capítulo analizaremos la evolución de la Britania post-romana, desde el cambio gradual del statu quo hasta la llegada de los amos de la isla: los anglosajones.

Las preguntas en la Britania sub-romana

En el año 410, la situación en Britania era nefasta. Las legiones romanas, estacionadas como guarniciones para vigilar la provincia fronteriza, habían sido retiradas en su mayoría por las acciones de Magno Máximo a finales del siglo IV y por Estilicón y Constantino durante la última década. Las tropas que quedaban en Britania eran probablemente de origen romano-bretón local. Como hemos mencionado, la población también se había vuelto contra los magistrados romanos de las ciudades. Entre ellos se encontrarían funcionarios que ocupaban altos cargos en la burocracia romana, aunque desconocemos sus nombres debido a la falta de fuentes contemporáneas.

Con todo, sólo podemos especular que el tema subyacente de la caótica situación era el siguiente: la población de Britania, en su mayoría britanos asimilados, había rechazado la idea de que las autoridades romanas gobernaran sobre ellos, aunque no abandonaron sus formas de vida, que seguían siendo muy romanas. Habiendo decidido actuar de forma independiente, debían reorganizar el gobierno. Y lo que es más importante, también debían hacer frente a las incursiones bárbaras procedentes de todas partes, incluidos los pictos y escoceses celtas por el norte y el oeste y los sajones germánicos por mar.

Nuestro conocimiento de los acontecimientos inmediatamente posteriores a la negativa de Honorio a ayudar a Britania depende en gran medida de fuentes recopiladas a partir de finales del siglo V, que son profundamente criticadas. Esencialmente, lo que menos sabemos es el giro que tomaron los acontecimientos desde el final de la dominación romana en Britania hasta la llegada de los anglosajones y su ascenso a la hegemonía, un período de unas tres o cuatro décadas.

La primera fuente que intenta presentar un relato cronológico de este periodo es la obra de Gildas, un monje cristiano británico que vivió a finales del siglo V y principios del VI. Su obra *Sobre la ruina y conquista de Britania* es principalmente un libro religioso destinado a censurar a los gobernantes de Britania occidental a principios del siglo VI. El relato histórico que presenta Gildas comprende una parte del libro y se basa en gran medida en historias recordadas y contadas de nuevo de las que disponía. Esto significa que los acontecimientos relatados más cercanos a la época de Gildas, es decir, mediados del siglo VI, deben considerarse más precisos que los anteriores. Otras fuentes británicas de épocas posteriores se basan parcial o totalmente en su obra, por lo que es importante discutir brevemente lo que podemos deducir del relato de Gildas.

Las inexactitudes históricas del relato de Gildas se notan enseguida, ya que comienza su historia con el derrocamiento del usurpador Magno Máximo en 388, a quien se refiere como el primer gobernante verdaderamente independiente de Gran Bretaña. Según Gildas, los britanos solicitaron ayuda al gobierno imperial tres veces después del derrocamiento de Máximo, ya que los pictos y escoceses continuaron sus ataques. Gildas menciona que, en un primer momento, se dijo a los britanos que construyeran un muro de césped como medida defensiva frente a los bárbaros del norte. Tras el segundo llamamiento, se les dijo que construyeran un muro de piedra. Es muy probable que se refiera a las defensas romanas del Muro Antonino y el Muro de Adriano y que su relato sirva para explicar la existencia de estos muros en el norte de Britania.

Fue la Muralla de Adriano la que se construyó primero, a partir del año 122. Las obras de la Muralla Antonina, situada más al norte que la de Adriano, comenzaron unos veinte años más tarde. Finalmente, como hemos mencionado, el Muro Antonino fue abandonado al resultar más difícil de mantener para los romanos, y el Muro de Adriano se convirtió en la frontera más septentrional de la Britania romana. Sin embargo, la construcción de estas defensas no está relacionada en absoluto con el derrocamiento de Magno Máximo ni con el periodo del que habla Gildas en su obra. El relato de Gildas también omite por completo la posterior rebelión de Constantino, aunque es poco probable que la fuente que le proporcionó la historia de Magno Máximo la hubiera omitido.

Lo que Gildas menciona con acierto es que se hizo un tercer llamamiento de ayuda a un general romano llamado Agitius, pero tampoco obtuvo respuesta de la autoridad imperial. Gildas menciona que, después de esto, al intensificarse los ataques de pictos y escoceses, un "tirano desafortunado" (*infaustus tyrannus*) de Britania pidió asesoramiento a su consejo e invitó a los sajones a ayudar contra estas invasiones.

El relato de Gildas es utilizado por el monje inglés de principios del siglo VIII Bede en su *Historia eclesiástica del pueblo inglés*. Bede adapta esta historia y no se aparta en gran medida de la narración de Gildas, fijando la fecha de la llegada de los sajones en el año 447. No hay forma de saber si ésta es la fecha de llegada de los primeros mercenarios sajones, pero el orden cronológico general de la historia tras su llegada a Britania coincide con el relato de Gildas.

También tenemos el relato de la *Historia de los Britanos*, atribuido originalmente a un monje galés llamado Nennius, que vivió en el siglo IX. Sin embargo, el relato de Nennius está muy influido por el hecho de que escribió como monje a las órdenes del rey Merfyn del reino galés de

Gwynedd. Es posible que muchos detalles se hayan modificado en consecuencia. En la *Crónica anglosajona*, recopilada a finales del siglo IX, también se encuentran datos sobre los acontecimientos de principios del siglo V en Britania. Aun así, la identificación de fechas exactas es muy difícil.

Vortigern, Hengist y Horsa

A partir de estos relatos, podemos deducir el esquema básico de la historia post-romana temprana de Britania. Tras la incapacidad de Britania para obtener el apoyo del Imperio romano en decadencia, las tribus celtas asaltantes, especialmente del norte, ejercieron una presión cada vez mayor sobre la población romano-británica. Esta situación persistió durante algún tiempo antes de que los que aún ostentaban la autoridad en la antigua provincia romana, ya fuera un consejo o el "tirano desafortunado" al que se refiere Gildas, pidieran ayuda a la siguiente mejor opción: los sajones. Los britanos decidieron invitar a mercenarios sajones para luchar contra los asaltantes pictos y escoceses, lo que provocó la llegada de más y más combatientes sajones a Britania.

Pero, ¿quién estaba exactamente al mando de Britania tras la expulsión de los magistrados romanos? Esta es una pregunta a la que hay que responder antes de discutir la tasa y el grado de migración sajona a Britania.

Aunque Britania ya no estaba vinculada a la autoridad imperial central de Roma, su modo de vida y su organización social seguían siendo muy romanos. Los britanos seguían considerándose miembros legítimos de la civilización romana. La expulsión de las autoridades imperiales era simplemente una señal de protesta ante el emperador que se preocupaba poco por sus súbditos, no un rechazo total de Roma.

Un aspecto de la vida social que había estado presente en Britania desde la época de los romanos eran los consejos locales, que se establecieron para gobernar las civitates britanas con mayor eficacia. En el relato de Zósimo sobre la supuesta respuesta de Honorio a la súplica de los britanos, el emperador parece dirigirse a las ciudades de Britania. Esto indica que el sistema de gobierno local seguía siendo prominente en 410. Hay pocas razones para sospechar que se abandonara por completo después.

Del mismo modo, hay muchas probabilidades de que quienes supuestamente habían pedido ayuda al emperador fueran miembros de las clases más altas, tal vez la nobleza terrateniente cuyas propiedades, situadas fuera de las ciudades amuralladas, estaban más amenazadas por las invasiones bárbaras. También es probable que este círculo de administradores locales y nobles gobernara Britania en ausencia de un gobernante claro tras la revuelta de 406.

Sin embargo, tiempos desesperados exigen medidas desesperadas, y es probable que los britanos buscaran figuras individuales que les sacaran de su desesperación a principios del siglo V. En épocas de grandes crisis, la propia República romana otorgaba un poder casi ilimitado a una sola persona (el dictador) que era elegida por el Senado para un determinado mandato para hacer frente a la crisis. Por tanto, es probable que el "tirano desafortunado" que, según Gildas, recurrió a la ayuda de los sajones contra los pictos y los escoceses, fuera una figura histórica real.

En el relato de Gildas, este personaje cuenta con la ayuda de un consejo, lo que podría referirse a uno de los consejos locales de la organización original de las civitates romanas en Britania. Sin embargo, como Gildas se refiere a él como *tyrannus*, parece que no fue elegido para este cargo. El hecho de que Gildas se refiera a él como "desafortunado" probablemente signifique que, tras su decisión, Britania fue invadida por los sajones inmigrantes y se vio obligada a entrar en guerra. Así pues, podemos deducir del relato de Gildas que, aunque un solo hombre ostentaba un poder considerable en la Britania inmediatamente posterior a la época romana, la antigua organización del consejo local seguía siendo muy prominente.

Bede, el autor de la *Historia Eclesiástica del Pueblo Inglés*, amplía el relato de Gildas sobre el tirano. Lo identifica como un hombre llamado Vortigern, que traducido del celta significa "alto rey". Esto no significa necesariamente que Vortigern fuera el rey que gobernaba todos los territorios de la antigua Britania romana. No obstante, ostentaba cierto poder e influencia en la Britania de principios del siglo V. De manera crucial, Bede también menciona los nombres de los primeros líderes sajones invitados, los hermanos Hengist y Horsa. Según Bede, fueron los primeros jefes de los bárbaros sajones que finalmente también lucharon contra los britanos, Vortigern incluido.

Ilustración de Bede[a]

Fuentes posteriores amplían este relato, diciendo que los hermanos caciques desembarcaron cerca de Ebbsfleet, en Kent. La pequeña fuerza que trajeron tuvo éxito al principio al derrotar a los pictos y fue pagada por los britanos. Tras comprobar su éxito, Vortigern creyó que la estrategia funcionaba y pidió a los hermanos que trajeran a más miembros de su tribu para que se establecieran en Kent y lucharan. Al ver la caótica situación en Britania, Hengist y Horsa enviaron un mensaje a su tierra natal, señalando que los britanos seguían muy desorganizados y solicitaron más refuerzos. Según las crónicas, pretendían traicionar a sus jefes.

Los soldados sajones trajeron a sus familias y se asentaron en el sudeste de Britania. Nennius escribe que Vortigern se enamoró de la hija de Hengist, que había llegado a Britania. Cegado de amor, el soberano británico le dijo a Hengist que haría cualquier cosa a cambio de la mano de su hija. El jefe sajón solicitó el control de Kent, que le fue concedido a su debido tiempo.

Poco después estalló un conflicto entre sajones y britanos, cuyas razones exactas se desconocen. Gildas afirma que la primera parte del conflicto culminó en la batalla del monte Badon, una batalla excepcionalmente sangrienta en la que los britanos lograron la victoria y obligaron a los sajones a regresar a Kent, estableciendo una tregua.

Hay mucho que desentrañar en este relato sobre Vortigern, Hengist y Horsa. En primer lugar, aunque todas las crónicas tempranas mencionan a Hengist y Horsa como los primeros líderes sajones que cruzaron el canal de la Mancha para luchar como mercenarios para los britanos, los historiadores mantienen el consenso de que no fueron figuras reales. Los detalles sobre ellos no aparecen en el relato de Gildas, la recopilación más antigua de historias contadas y recordadas por sus contemporáneos. Los relatos de Bede y Nennius, así como la *Crónica anglosajona*, dicen que Hengist y Horsa remontan su genealogía a Woden u Odín, el dios más venerado de la mitología nórdica y una deidad importante en las primeras creencias paganas germánicas. Sus nombres, "Hengist" y "Horsa", también significan "semental" y "caballo" en inglés antiguo.

La combinación de todos estos factores, incluidos sus nombres aliterados, su genealogía mítica y la falta de pruebas históricas más cercanas a su época, hace que no esté claro si realmente existieron. Lo mismo puede decirse de Vortigern. Aun así, es mucho más probable que un individuo poderoso entre los britanos invitara a los sajones a venir a luchar como mercenarios contra los pictos y los escoceses inmediatamente después del colapso del orden romano.

Sin embargo, podemos deducir razonablemente de todos estos relatos que a finales del siglo V ya habían empezado a producirse profundos cambios en la Britania post-romana. La población romano-británica local había pedido ayuda a los sajones germánicos, que habían empezado a llegar en número creciente y a asentarse en Kent. En la época de Gildas, ya había estallado y se había resuelto un conflicto entre sajones y britanos.

Reconstrucción del asentamiento anglosajón

Dado que las pruebas textuales que tenemos de la Britania inmediatamente posterior a la época romana no bastan para reconstruir la historia de la llegada de los sajones, debemos recurrir a pruebas materiales que se remontan al siglo V para confirmar estos relatos, a veces contradictorios. A partir de estas pruebas, podemos deducir que a mediados del siglo V se produjo un importante cambio cultural y lingüístico en Britania que, en cierto modo, respalda los relatos de los cronistas que hemos analizado.

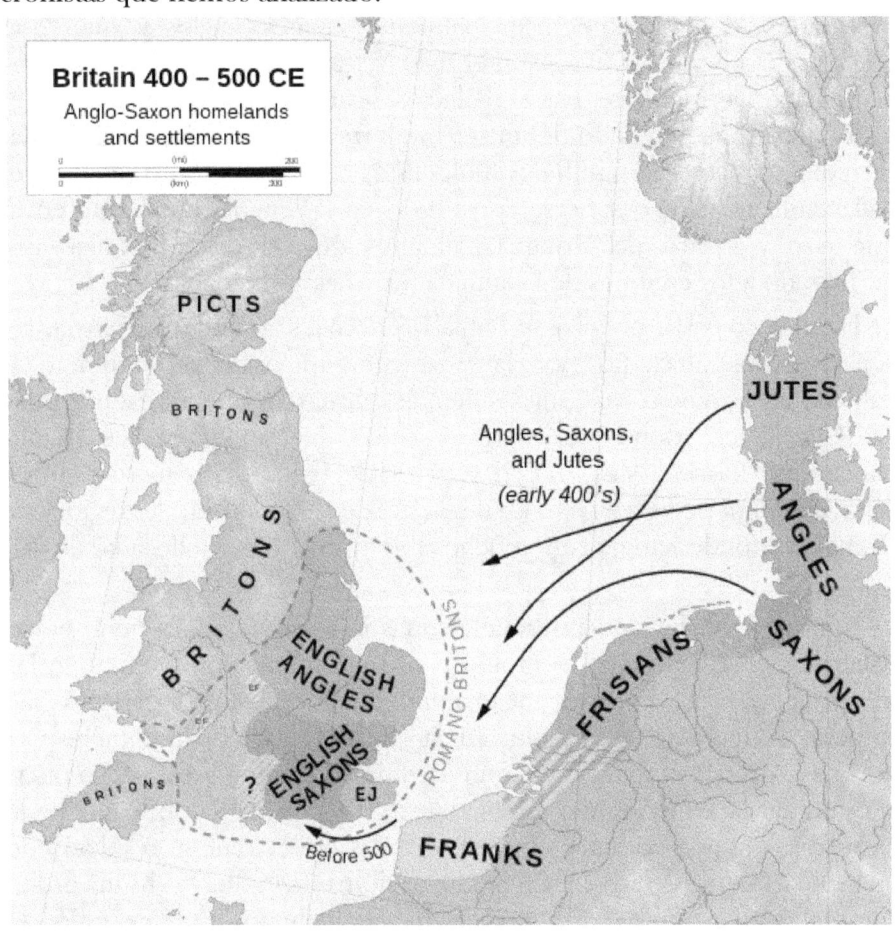

Patrones de migración anglosajona a Inglaterra[1]

En la época del declive de la dominación romana, la mayoría de la población británica hablaba dos lenguas: una versión bretona del latín o el celta británico. Obviamente, el latín fue introducido en la isla por los romanos y era la lengua de facto de la provincia, al igual que en el imperio. El celta británico, en cambio, era la lengua original de los britanos, que mantuvieron un fuerte vínculo con sus orígenes celtas y no renunciaron a hablar esa lengua ni siquiera cuando fueron conquistados y dominados por una civilización completamente distinta. Esto puede explicarse por la relativa tolerancia que mostraron los romanos hacia las culturas y lenguas de los pueblos que conquistaban, como ya hemos comentado.

En la Britania post-romana, parece que la lengua desempeñaba un papel vital en la identificación de la composición étnica o cultural de la sociedad. Los inmigrantes principalmente sajones, anglos y yutes que empezaron a llegar a Britania en el siglo V trajeron sus propios dialectos de lenguas germánicas. Estos dialectos acabaron fusionándose en el inglés antiguo, antepasado del inglés moderno. En los siglos siguientes, a medida que crecía la influencia de estos inmigrantes germánicos, el inglés antiguo parece haberse convertido en la lengua dominante en el este, sur y centro de Britania, mientras que el celta británico fue desplazado a los confines de la antigua provincia romana.

En el siglo VIII, el celta se hablaba en Gales, Irlanda y Escocia, las zonas menos afectadas por la migración anglosajona. También se hablaba en las zonas más suroccidentales de Gran Bretaña, sobre todo en Cornualles, donde el córnico (una versión del celta) siguió hablándose hasta el siglo XVIII a pesar de siglos de anglicización. El celta también perseveró en el noroeste de Francia, en la región de Bretaña, adonde emigraron muchos británicos tras la llegada de los sajones.

Aunque el inglés antiguo tiene algunas influencias celtas, tiene pocas palabras de origen celta. Se trata de un fenómeno único. Aunque las tribus germánicas penetraron profundamente en los territorios del Imperio romano (por ejemplo, en la Galia, Iberia, Italia e incluso el norte de África), adoptaron en gran medida las lenguas locales. Así pues, al examinar la aparición del inglés antiguo como lengua dominante de la Gran Bretaña post-romana surgen preguntas clave. ¿Fue el resultado de una toma militar decisiva y de la afirmación por la fuerza de un orden completamente nuevo que podría haber incluido, por ejemplo, la prohibición del celta británico? ¿O fue el resultado de la aparición de una élite que hablaba inglés antiguo, cuya lengua fue ganando prestigio entre los plebeyos con el paso del tiempo, en detrimento de sus lenguas nativas?

La idea de la dominación militar de los anglosajones está parcialmente respaldada por los relatos de Gildas y Bede, que mencionan los conflictos que estallaron entre los inmigrantes y los nativos poco después del colapso del dominio romano en Britania.

La segunda hipótesis cuenta con cierto apoyo textual. La *Crónica anglosajona* menciona que los primeros sajones mataron a muchos líderes britanos locales en sus encuentros de la segunda mitad del siglo V. Según la *Historia de los Britanos* de Nennius, Hengist invitó a Vortigern y a otros líderes britanos a una fiesta para celebrar la paz, en la que Hengist había dado instrucciones a sus hombres para que escondieran cuchillos en sus atuendos y mataran a los desprevenidos britanos. Muchos líderes britanos (que, si Nennius está en lo cierto, eran los nobles restantes) fueron asesinados. Vortigern, que se salvó, se vio obligado a ceder el control de las tierras británicas orientales y centrales a los sajones. Este relato se repite en la *Historia de los reyes de Britania* de Geoffrey de Monmouth, aunque también se duda de la fiabilidad de esta fuente. Aun así, parece que los sajones eliminaron de algún modo a la alta nobleza británica local y se impusieron en su lugar.

Según esta teoría, esto provocó un cambio drástico en el orden político. Muchos británicos se habrían visto influidos a adoptar la lengua de los sajones, ya que podría haberles proporcionado más ventajas o haber sido requerido por los nuevos dirigentes. Sin embargo, el cambio lingüístico que tuvo lugar en la Britania post-romana fue gradual, como todo cambio lingüístico. Debió de producirse a lo largo de varias generaciones, a medida que la dominación anglosajona de Inglaterra se hacía más prominente.

Las pruebas arqueológicas apoyan la afirmación general de que el asentamiento anglosajón se produjo en Britania de este a oeste. La prueba más clara de ello es la distribución de los enterramientos anglosajones, que se distinguen de los romano-británicos. Por ejemplo, Mucking, un yacimiento arqueológico situado en el sureste de Essex, contiene un gran cementerio en el que se han descubierto tanto enterramientos de estilo romano-británico como anglosajón, siendo estos últimos más numerosos.

Se cree que Mucking fue un asentamiento británico antes de ser abandonado y habitado por los anglosajones, posiblemente incluso antes de la fecha tradicional de su migración a Gran Bretaña en los años 420 o 430. La proximidad de este lugar a otros asentamientos romano-británicos y la difusión de tumbas sajonas con tumbas locales sugieren que los habitantes germánicos del lugar pueden haber sido soldados *foederati* a finales del siglo IV o principios del V. Mucking también contiene más de doscientos edificios de estilo sajón, llamados *Grubenhaus*, un tipo de pequeña casa-pozo. En general, los yacimientos anglosajones más antiguos se han descubierto en las zonas orientales de Inglaterra, hasta el norte del río Humber. Esto confirma también en parte el relato de sus pautas de asentamiento a finales del siglo V y principios del VI.

El hecho de que los primeros anglosajones fueran mercenarios puede confirmarse razonablemente con el descubrimiento de cinturones con tallas ornamentales, incluidas tallas de animales que recuerdan los estilos germánicos. Se han encontrado en diversos yacimientos, como Mucking, los enterramientos tardorromanos de Winchester e incluso Francia.

Aunque estos accesorios para cinturones recuerdan el estilo y el gusto germánicos, lo más probable es que fueran utilizados tanto por los soldados sajones como por los romano-británicos locales. La cerámica romana tardía también presenta un estilo germánico, hasta el punto de que las vasijas se han atribuido a un estilo romano-sajón distinto, lo que indica un alto grado de contacto entre ambas culturas. Es evidente que la Britania romana empezó a producir vasijas con decoraciones germánicas ya a finales del siglo IV. Esto indica que existía una demanda de este tipo de productos, lo que apunta a la estrecha relación que la Britania romana tardía mantenía con la cultura sajona.

Así pues, existen pruebas lingüísticas, culturales y materiales de la presencia sajona en Britania a mediados del siglo V que corroboran las fuentes literarias contemporáneas. Gentes de origen germánico poblaban partes del este de Britania, especialmente la región de Kent, y muy probablemente llegaron allí como mercenarios foederati. Parece que vivían algo separados del resto de la sociedad británica local. Con el tiempo, más sajones emigraron a las costas de Britania y, ya fuera mediante la guerra, la dominación de las élites británicas o la asimilación cultural, afirmaron su control sobre la población local. Lo que vino después fue una profunda transformación del paisaje social, cultural y político de la Gran Bretaña post-romana. A mediados del siglo VI, los anglosajones dominaban Gran Bretaña.

Capítulo Tres - El nacimiento de la Inglaterra anglosajona

En este capítulo analizaremos el periodo posterior al asentamiento anglosajón en la Gran Bretaña post-romana, que incluye profundas transformaciones sociopolíticas. Como vimos en el capítulo anterior, los acontecimientos que siguieron a la llegada de los anglosajones a Gran Bretaña y que hicieron que se convirtieran en la fuerza dominante a mediados del siglo VI están rodeados de misterio. Pero, a finales del siglo VI, cuando el papa Gregorio I decidió enviar una misión a Gran Bretaña, los anglosajones ya habían establecido sus formaciones de tipo estatal, basadas fundamentalmente en sus estructuras tribales nativas. Como veremos, la transformación de estas formas de organización social y política en una realeza más desarrollada se vio favorecida por la introducción del cristianismo, una similitud que la Inglaterra anglosajona compartía con la Europa occidental de la Alta Edad Media.

Orígenes de los reinos anglosajones

Fuera cual fuese la forma en que los inmigrantes sajones llegaron a dominar a la población romano-bretona local, tardarían siglos en formar lo que podría denominarse "reinos". Esto se debió a las diferencias fundamentales entre las organizaciones socioculturales de la civilización romano-británica y el modo de vida germánico de los sajones.

En la época de la Gran Migración, la organización social de los sajones, anglos y jutos seguía siendo en forma de jefaturas tribales. Estas jefaturas tenían una jerarquía estricta, con un líder militar exitoso, o cacique, en la cima. Un cacique tenía una autoridad y un poder ejecutivo casi indiscutibles, aunque a menudo consultaba a un consejo de ancianos o guerreros experimentados para pedir consejo sobre asuntos importantes. A menudo, supervisaba no sólo la aldea de su tribu, sino también otras aldeas circundantes, sobre todo gracias a su poder militar. Así, el estatus del jefe, aunque basado en el parentesco y hereditario en su mayor parte, a veces era objeto de disputa entre las distintas tribus o comunidades que formaban un cacicazgo.

Cada comunidad que servía al cacique estaba ligada a él por una serie de aspectos, entre los que destacaban los juramentos sagrados con los que le juraban lealtad. Esto estaba arraigado en sus sistemas de creencias paganas. Los jefes también cobraban distintos tipos de tributo como prueba de la lealtad de sus subordinados.

En general, la organización social de las jefaturas germánicas era muy diferente de la de la civilización romano-británica, que se basaba mucho más en roles socioeconómicos claramente definidos, una burocracia centralizada para la administración y distinciones entre clases urbanas y rurales.

Cuando los anglosajones y los jutos empezaron a llegar a Britania en gran número a finales del siglo V, siguieron practicando sus formas autóctonas de organización social y patrones de asentamiento, que incluían la formación de pequeños cacicazgos. Sin embargo, esto no quiere decir que sus comunidades excluyeran a los romano-bretones locales o que no asumieran los modelos de asentamiento existentes.

Una de las principales pruebas de ello es la adopción y modificación de nombres topográficos. Esto es evidente en Kent, por ejemplo, que surgiría como uno de los principales reinos de la Inglaterra anglosajona posterior. El nombre derivaba de su antiguo nombre latino, *Cantium*, con centro en el antiguo latín *Durovernum Cantiacorum*, que significa "fortaleza del pueblo Cantiaci (Kentish)". Con el tiempo, los anglosajones adoptarían y modificarían el nombre en inglés antiguo como *Cantwaraburg*, de donde procede el nombre moderno de Canterbury.

Las unidades políticas romano-británicas, ya fueran civitates, subprovincias o pequeñas comunidades, también fueron conservadas en gran medida por los anglosajones en distintas zonas. Un ejemplo es el Reino de Northumbria, que alcanzó su forma relativamente estable de organización social y política en el siglo VII. Sus límites se asemejan mucho a los de la unidad administrativa romana tardía, Britannia Secunda, introducida por las reformas de Diocleciano. Por supuesto, Northumbria hace referencia a una demarcación geográfica al norte del río Humber. Este sistema de referenciación se utilizó cada vez más en el periodo anglosajón medio, a partir de finales del siglo VII. La ciudad de York, centro de la subprovincia romana, mantuvo también su importancia en el reino anglosajón posterior.

Las jefaturas tribales anglosajonas variaban en tamaño e importancia, y los reinos emergentes absorbieron a muchas de ellas para formar unidades políticas mayores. Además de por la *Historia Eclesiástica* de Bede, sabemos de ellos por la Tribal Hidage, una lista única recopilada entre los siglos VII y IX que menciona los nombres de treinta y cinco tribus y asigna "hides" a cada una de ellas. Un hide era una antigua unidad inglesa de medida de la tierra. Tras la conquista normanda de 1066, parece haber sido de 120 acres, pero lo más probable es que fuera una unidad mucho menor durante el periodo anglosajón. En cualquier caso, lo más probable es que el Hidage Tribal fuera compilado por un líder poderoso para aceptar tributos de sus subordinados en función de su tamaño y capacidad productiva. Así pues, es probable que las jefaturas más grandes o poderosas hicieran valer su dominio sobre las tribus más pequeñas y débiles, exigiendo tributos a cambio de protección, entre otras razones.

También debemos considerar la organización social, más que espacial, que condujo a la transformación política a gran escala. Bede, por ejemplo, se refiere claramente a los reinos más grandes que existían en su época con el nombre de sus pueblos en lugar de sus tierras: los mercios, por ejemplo. Esto sugiere que las relaciones sociales derivadas de los antiguos valores de parentesco jerárquico seguían siendo tan importantes como la distribución de las distintas tribus en determinados territorios. Así pues, las tribus o jefaturas más pequeñas que formaban los reinos más grandes seguían reconociendo a su líder, o "rey", a cambio de su protección. Esto no es exclusivo de los anglosajones. Fue la forma predominante de organización sociopolítica en la Europa de la Alta Edad Media, donde la prominencia y el poder de los jefes guerreros y sus cacicazgos propiciaron el surgimiento de fronteras políticas claras.

Aunque el poder militar era lo más importante, al cabo de un tiempo el linaje "real" de una sola familia habría acumulado suficiente apoyo y legitimidad para presionar con sus pretensiones al control de un determinado territorio. Los habitantes de este territorio solían apoyar al reclamante, aunque su autoridad se viera temporalmente desafiada por un usurpador de una facción o jefatura rival.

Así pues, los orígenes de la realeza en la Inglaterra anglosajona radicaban en las relaciones fundamentales entre las comunidades tribales y los líderes guerreros distinguidos que acumulaban apoyo, poder, riqueza y prestigio con el paso del tiempo, heredando finalmente el cargo en función de los éxitos de sus predecesores. La importancia de esta concepción intrínsecamente tribal de las relaciones sociales se afirma cuando rastreamos la etimología de la palabra "rey" (*cyning* en inglés antiguo), que deriva de "kin" (*cynn*).

Reconstruir las relaciones exactas entre las primeras jefaturas anglosajonas es muy difícil, no sólo por la falta de pruebas, sino también porque tales relaciones son siempre complejas. No hay motivos para sospechar que los emigrantes anglos, sajones y jutos mantuvieran relaciones pacíficas entre sí. Eran pueblos diferentes con líderes diferentes que, como veremos más adelante, se asentaron en distintas partes de Gran Bretaña con intereses diferentes.

Un líder tribal podía ganar poder que aumentara su prestigio como cacique de muchas maneras, no sólo a través de la guerra y la dominación militar de un cacicazgo o tribu rival. En una zona pequeña poblada por pequeñas jefaturas rivales, los conflictos por los recursos, sobre todo, eran inevitables. Los caciques también podían reforzar su posición mediante matrimonios mixtos entre la élite de las tribus, lo que mejoraría las relaciones entre ambas. También podían simplemente negociar el patrocinio de una tribu más pequeña o más débil si ésta lo necesitaba.

Así pues, la realeza surgió de la fusión de pequeñas tribus y jefaturas, que podía producirse por diversos motivos. Como en otras partes del mundo, la realeza en la Inglaterra anglosajona tenía varios niveles. La noción de "sobre-reinado", algo que Bede identifica con la palabra *imperium* (gobierno del emperador) en lugar de la palabra *regnum* (gobierno del rey), ciertamente existió. Naturalmente, algunos reyes eran más poderosos y prominentes y ejercían su influencia sobre otros. Se trataba de una versión a mayor escala de la dominación de un cacique sobre los demás, pero era mucho menos rara y mucho más inestable.

Por ejemplo, Bede se refiere al rey Ethelbert de Kent como la tercera figura que ejerció el "señorío" sobre los demás reinos menores del sur de Inglaterra. Antes de él, Bede menciona al rey Ælle de los sajones del sur y al rey Ceawlin de los sajones del oeste, que reinaron a finales del siglo V y principios y finales del siglo VI, respectivamente. Bede vuelve a decir que estas figuras eran reyes de pueblos diferentes (los sajones del sur y los sajones del oeste), lo que sugiere que las fronteras territoriales entre ellos aún no estaban firmemente establecidas.

En conclusión, basándonos en las pruebas materiales y textuales de la Gran Bretaña de los siglos V, VI y principios del VII, podemos suponer varias cosas sobre la aparición de la realeza en la Gran Bretaña anglosajona. Los primeros reyes anglosajones de Gran Bretaña surgieron de una compleja red de interrelaciones tribales que favoreció a las jefaturas con caciques prominentes como líderes. Los primeros caciques surgieron gracias al dominio militar o a las negociaciones y alianzas entre diferentes cacicazgos, lo que dio lugar a un sistema político fluido. Algunos cacicazgos integraron estructuras civiles y sociales locales en su gobierno para reforzar su legitimidad y ganar más poder.

Todo, desde la muerte de líderes destacados hasta los resultados de las batallas y los matrimonios "reales" entre tribus, pudo haber contribuido a los cambios de poder entre las jefaturas de Britania en los primeros tiempos, que debemos imaginar eran frecuentes. Sin duda, algunas jefaturas decayeron poco después de hacerse con el poder, mientras que otras persistieron gracias a los entresijos que desarrollaron para mantener la lealtad y el apoyo, como el pago de tributos y el servicio militar.

Una vez que estas relaciones se hicieron más permanentes y arraigaron durante décadas, podemos llamar rey con mayor fiabilidad a un antiguo cacique que tal vez había heredado el liderazgo. Y, según parece, a finales del siglo VI, esta evolución ya estaba muy avanzada cuando la misión papal llegó a los dominios de los anglosajones para difundir el cristianismo.

La sociedad anglosajona primitiva

Un término utilizado a menudo para referirse a la organización del dominio anglosajón en Inglaterra a partir del siglo VI es "heptarquía", o el "dominio de los siete". Este término implica que en la Inglaterra anglosajona existieron siete reinos dominantes, cuyo dominio se hizo especialmente prominente durante el siglo VII.

Cuando describimos la organización política de la Inglaterra de la Alta Edad Media como una heptarquía, es importante comprender que la dinámica entre los reinos estaba en constante evolución. Es probable que no existieran diferencias claras entre los reinos, como fronteras establecidas, y que éstas fueran siempre fluctuantes.

Los siete reinos de la heptarquía incluían Wessex, Sussex, Essex, Kent, Anglia Oriental, Mercia y Northumbria. Wessex, Anglia Oriental, Mercia y Northumbria acabarían dominando a los otros tres, aunque su ascenso y declive es un asunto complejo que trataremos más adelante.

Los reinos de la heptarquía anglosajona[4]

Es importante destacar que estos reinos pueden distinguirse mejor por los grupos etnoculturales que los dominaban. Los emigrantes sajones de Gran Bretaña se organizaron principalmente en Wessex, Sussex y Essex, lo que resulta evidente en la denominación de sus dominios. Los anglos, por su parte, se asentaron en el norte y centro-este de la isla, en Northumbria, Anglia Oriental y Mercia. Kent, que incluía las primeras zonas pobladas por los guerreros "sajones" invitados por los gobernantes romano-británicos, estaba habitada principalmente por los jutos.

Estos grupos germánicos eran técnicamente diferentes si tenemos en cuenta sus características étnicas y culturales. Todos ellos habían habitado en distintas regiones de la Europa continental, concentrándose por separado en el norte de Alemania y Jutlandia. Sin embargo, seguían compartiendo muchas similitudes, sobre todo a ojos de los romano-bretones, que convenientemente los llamaron a todos sajones cuando llegaron por primera vez como soldados pseudo-*federati*. Al menos, se diferenciaban mucho más de los lugareños y su mezcla de cultura celta y romana que entre sí.

Así pues, cuando estos grupos germánicos acabaron sustituyendo a los romano-bretones como amos de Gran Bretaña, necesitaban un término para distinguirse de sus homólogos que aún habitaban el norte de Alemania y Jutlandia. Dado que sus dialectos germánicos se habían fusionado hasta el punto de desarrollar una lengua distinta, el inglés antiguo, era lógico que la distinción más obvia fuera lingüística. Así, utilizaron el término "anglosajón" para referirse a los habitantes germánicos de Gran Bretaña, por oposición a "sajón", que se refería al grupo continental. En el siglo VIII, cuando el término empezó a utilizarse ampliamente en este contexto, las tribus anglosajonas, sajonas y yutes que habían emigrado originalmente a Gran Bretaña se habían asimilado a los británicos locales y los dominaban.

Algunos gobernantes de los reinos de la heptarquía también serían considerados supra-reyes, ya que sus dominios contenían varios subreinos o subprovincias, cada uno con gobernantes menos poderosos, pero con una identidad claramente definida. Entre ellos destacan Bernicia y Deira, que abarcaban la mayor parte del reino de Northumbria; Lindsey y Anglia Media, parte del reino de Mercia; y Hwicce y Gewisse en el reino de Wessex.

La llegada de los anglosajones y el establecimiento gradual de sus dominios afectó profundamente a algo más que a la situación política de la Gran Bretaña post-romana. Los inmigrantes trajeron una cultura y un modo de vida únicos que se integraron con los restos de la cultura romano-británica, dando origen a una sociedad completamente nueva. Aunque algunas estructuras sociales y estilos de vida se mantuvieron o modificaron, otros (especialmente los sistemas de creencias y la cultura general de la región) sufrieron profundas sacudidas.

La imposición del dominio anglosajón y el posterior crecimiento de los cacicazgos hasta convertirse en reinos provocó que debieran reorganizarse social y económicamente, sobre todo. El antiguo estilo de vida tribal anglosajón, basado en la guerra y sostenido por constantes saqueos e incursiones, no podía mantenerse por mucho tiempo. Se necesitaban fuentes de ingresos mejores y más fiables si los caciques, ahora príncipes y reyes, querían conservar su poder y mantener el statu quo político. Muchos de ellos decidieron reactivar la economía basada en la agricultura de la Britania romana, algunos con más éxito que otros.

Sin embargo, los principales productores de bienes agrícolas (y, por tanto, los que contribuían a la economía) ya no eran campesinos serviles que trabajaban para un pequeño grupo de élites en sus fastuosas haciendas. En su lugar, los principales practicantes de la agricultura eran los ceorls, miembros libres de la clase social más baja de los reinos anglosajones. Los ceorls, o churls, eran esencialmente campesinos libres, que practicaban la agricultura comunal al tiempo que pagaban impuestos regulares a los nobles. Esta clase de campesinado libre se mantuvo hasta el advenimiento del señorío feudal en Europa, cuando la nobleza terrateniente redujo gradualmente las libertades de los ceorls en la Alta Edad Media. A finales del siglo VII, por ejemplo, los nobles anglosajones empezaron a poseer importantes propiedades que albergaban a varias familias campesinas, a las que ocasionalmente se gravaba con una cantidad fija a cambio de la protección de la nobleza.

La concesión de tierras por parte de los reyes era más común con miembros distinguidos de la sociedad, como buenos guerreros, nobles leales u obispos. De nuevo, esto se hacía para aumentar la influencia y el poder de los reyes. No sólo esperaban entablar buenas relaciones con sus subordinados y garantizar su apoyo en el futuro, sino también comprar servicios para sí mismos. A los guerreros estimados, por ejemplo, los reyes les concedían grandes propiedades para que lucharan por ellos y sus descendientes.

La economía doméstica comenzó a aumentar a medida que se fijaban los roles sociales y políticos en la Inglaterra anglosajona. Con ella llegó el desarrollo de las primeras industrias y el aumento de las exportaciones de los mercaderes locales, que comerciaban sobre todo con los francos al otro lado del Canal de la Mancha. El relativo establecimiento de fronteras entre los distintos reinos hizo más factible la defensa y supervisión de las rutas y redes comerciales, aumentando el intercambio interno y la producción de bienes como la cerámica, los metales y los paños de lana. Estos bienes también se exportaban a mercados extranjeros en las primeras etapas de su desarrollo.

A medida que la Europa de la Alta Edad Media se recuperaba del completo colapso socioeconómico que había seguido a la caída del Imperio romano de Occidente, también se restablecían las redes comerciales mundiales, y los reinos anglosajones formaban parte de ellas. Las pruebas arqueológicas apuntan a la existencia de bienes exóticos como sedas y suntuosas vasijas procedentes de Bizancio, marfil de elefante e incienso árabe en la Inglaterra de la Alta Edad Media anglosajona.

La conexión de los anglosajones con las civilizaciones europeas queda patente en la presencia de monedas de oro bizantinas datadas en el siglo VII. Las primeras monedas de oro anglosajonas también se desarrollaron en esa época, influidas por el estilo franco merovingio, con representaciones de bustos de gobernantes en una cara y símbolos, como cruces, en la otra. Las primeras monedas anglosajonas se acuñaron en los principales lugares de comercio, denominados wics, como Londres, York o Ipswich. Los wics se desarrollarían cada vez más en las zonas costeras a partir de mediados del siglo VII.

En esta etapa, las monedas acuñadas en la Inglaterra anglosajona no se correspondían con los estándares europeos, especialmente con los tipos fijos y la acuñación regulada presentes en el Imperio bizantino. Aun así, el hecho de que los anglosajones pasaran de una economía basada en el oro a otra basada en la plata a finales del siglo VII y empezaran a acuñar sus propias monedas de plata indica cierto nivel de cohesión con sociedades continentales, como los francos, que probablemente influyeron en este cambio.

Del cristianismo británico al paganismo anglosajón

Es importante destacar que la Gran Bretaña romana había sido cristiana antes de la migración de los anglosajones en el siglo V, aunque el papel del cristianismo había disminuido ciertamente con la llegada del paganismo anglosajón como principal sistema de creencias. Cabe imaginar que esta distinción religiosa fue una de las mayores diferencias entre los romano-bretones locales y los anglosajones. Pudo haber sido uno de los principales motores del conflicto entre ambos grupos, en cualquiera de sus formas.

Antes del fin de la dominación romana en Gran Bretaña a principios del siglo V, los obispos británicos habían participado activamente en los asuntos religiosos del imperio, asistiendo a varios concilios durante el siglo IV. Aunque no estuvieron presentes en el Primer Concilio de Nicea en 325, que llegó a regular muchas de las cuestiones doctrinales del cristianismo primitivo, sí lo estuvieron en Arlés en 314, en Serdica en 343 y en Ariminum en 359. Esto es aún más impresionante si se tiene en cuenta que Britania había sido una de las últimas provincias en las que se consolidó el dominio romano y estaba más alejada de la cuna del cristianismo. La lejanía de la región significaba que el sistema de creencias politeísta celta local era un importante competidor del cristianismo.

A pesar del menor tamaño de la Iglesia en la Gran Bretaña tardorromana, algunas figuras religiosas destacaron. Pelagio, un teólogo de las Islas Británicas de finales del siglo IV y principios del V, fue una figura destacada de la Iglesia primitiva, junto a contemporáneos como Agustín de Hipona. En esta época, muchas de las cuestiones centrales del cristianismo aún estaban siendo identificadas y aclaradas, y existían varias versiones diferentes de la religión.

Pelagio estuvo activo en las décadas posteriores al establecimiento del Credo Niceno, que pretendía introducir la universalidad doctrinal y resolver muchas de las cuestiones de la Iglesia de principios del siglo IV. Fue el defensor de una concepción teológica del cristianismo denominada pelagianismo. Pelagio, junto con su discípulo Celestio, se opuso a la creencia de que los seres humanos eran intrínsecamente pecadores, manchados por el pecado original, y en su lugar creía que Dios había concedido a los seres humanos cierto grado de libre albedrío para elegir entre el bien y el mal, incluida la capacidad de pecar. Por estas opiniones, fue condenado por varios concilios consecutivos celebrados en África. (Se había trasladado allí para huir de su morada original en Roma, que fue saqueada en 410).

El principal oponente de Pelagio fue San Agustín de Hipona, que con el tiempo se convirtió en uno de los teólogos más importantes del cristianismo. En el año 418, el pelagianismo fue declarado herético y Pelagio fue excomulgado de la Iglesia, aunque una versión de este sistema de creencias continuó siendo importante en algunas regiones, incluida la Britania post-romana.

De hecho, a finales de la década de 420, el obispo Germano de Auxxere de la Galia fue enviado a Gran Bretaña para hacer frente a la creciente prominencia del pelagianismo en el clero británico. (Germano también dirigió a los britanos en una exitosa batalla contra los bárbaros). *La Vida de San Germano*, que narra la historia de su visita a Britania, ofrece una visión de la situación sociopolítica de la Britania post-romana cerca del comienzo de la migración anglosajona.

En resumen, existen pruebas fehacientes de que el cristianismo ya estaba firmemente establecido en la Britania romana en la época de la llegada de los paganos anglosajones. Aunque la importancia del cristianismo declinaría gradualmente desde mediados del siglo V hasta finales del VI, las comunidades cristianas perseveraron, no obstante, en algunas partes de la Britania post-romana, especialmente en la parte occidental de la isla.

Durante este periodo caracterizado por el auge de las sociedades germánicas, es lógico que su sistema de creencias se convirtiera en el más importante. El paganismo anglosajón es una religión de la que sabemos poco, en parte debido a la falta de fuentes escritas compuestas por sus seguidores. Lo que sabemos de las creencias y prácticas paganas de los anglosajones procede de los escritos posteriores de autores cristianos como Bede, quien, por supuesto, tenía una opinión bastante negativa de ellas.

Sin duda, los anglosajones no utilizaban la palabra "pagano" para describir su sistema de creencias religiosas. Se trataba de una palabra peyorativa latina utilizada por los escritores de la Alta Edad Media para expresar su desaprobación de la religión no cristiana. A veces, a los paganos también se les llamaba "heathens" en el inglés antiguo anglosajón temprano, una palabra que ha conservado su connotación negativa. Curiosamente, los propios anglosajones se referían a los invasores vikingos de Gran Bretaña en los siglos VIII y IX como paganos.

El paganismo anglosajón era un sistema de creencias politeísta. Aunque la práctica del paganismo tenía varias distinciones basadas en la distribución regional de las tribus germánicas, su sistema general era compartido por los pueblos germánicos. Compartía muchas similitudes con otras creencias germánicas que con el tiempo se convertirían en sistemas que conocemos mucho mejor, como la mitología nórdica de los pueblos escandinavos. Por ejemplo, la deidad pagana anglosajona de la que tenemos más pruebas es Woden, que compartía muchas similitudes con Odín, la deidad principal del panteón nórdico. Muchos lugares de Inglaterra parecen llevar su nombre, como el pueblo de Woodnesborough, o "Woden's Borough2, y Wansdyke, o "Woden's Dyke", una estructura defensiva en el oeste de Inglaterra. También se menciona a Woden como antepasado de las familias reales de Kent, Mercia, Anglia Oriental y Wessex, lo que puede explicarse como un intento de legitimar el dominio real.

Además de un panteón de dioses y diosas, los anglosajones también creían en otras deidades y seres sobrenaturales, como espíritus y fantasmas. Sus rituales (como el sacrificio de animales, que era muy importante) estaban dirigidos por sacerdotes y generalmente buscaban el favor divino o la suerte de las deidades.

Tenemos motivos para sospechar que algunos aspectos del sistema de creencias pagano anglosajón estaban estrechamente interrelacionados con la vida cotidiana, incluidas áreas como la agricultura, los asuntos militares y las leyes. Algunas características de la sociedad anglosajona y de otras sociedades germánicas primitivas, como el papel de la narración de historias y la asamblea general, también pueden explicarse por el importante papel de los sacerdotes paganos y las prácticas religiosas.

A su vez, cuando los caciques anglosajones empezaron a aumentar su poder tras llegar a la Britania post-romana, transformando sus dominios en "reinos", es posible que se vieran desafiados por la clase sacerdotal. Mientras que los líderes "políticos" de la primitiva sociedad anglosajona eran caciques tribales que ostentaban el poder militar, los sacerdotes desempeñaban el mismo papel en el contexto "sociocultural". Si esto es cierto, la conversión al cristianismo habría ofrecido a los jefes tribales y a los caciques la posibilidad de ganar más influencia en los asuntos religiosos. Podrían ejercer control sobre el clero cristiano, con lo que un aspecto de la vida social anglosajona quedaría aún más bajo su poder. Por lo tanto, es necesario considerar el surgimiento de la realeza anglosajona como inherentemente interconectado con su cristianización.

Cristianismo y anglosajones

La conversión de los anglosajones al cristianismo marcó un punto de inflexión en su historia. Tuvo una importancia capital no sólo para la población local y los reyes, sino también para el resto del mundo cristiano, que había experimentado muchos reveses con la caída del Imperio romano de Occidente. Las hordas migratorias de bárbaros paganos que habían desbordado las estructuras sociopolíticas del imperio también habían debilitado al cristianismo en el siglo V.

El declive del cristianismo como religión en provincias como Galia, Iberia y Britania, y en menor medida en el norte de África e Italia, condujo al desarrollo de otra serie de problemas. Muchas prácticas que antes mantenía el clero cristiano, como el mantenimiento de registros o la educación, siguieron decayendo, lo que condujo a un vacío de conocimientos en la Europa occidental post-romana después de 476. Por ejemplo, la tradición del aprendizaje, antes muy ligada al cristianismo, tardaría mucho tiempo en resurgir como un aspecto generalizado de la vida pública europea en la Baja Edad Media.

Y lo que es más importante, el cristianismo también había sido una fuente de legitimidad para los últimos gobernantes romanos. Desde finales del siglo IV, los emperadores romanos habían sido cristianos, un estatus que se había convertido en sinónimo de emperador romano. Esto se hizo evidente en el caos político que sobrevino después de 476. Los invasores bárbaros, como en Inglaterra, habían empezado a asimilar a las poblaciones locales. Comenzaron a autodenominarse reyes, introduciendo una cultura y un modo de vida completamente diferentes que dominaban la antigua civilización y tradiciones romanas. En general, se trató de un proceso descentralizado.

¿A quién podía recurrir la población local en tiempos de crisis? Algunos señalaron al emperador de Constantinopla. A pesar de la caída de Roma, el Imperio romano de Oriente (Bizantino) había perseverado y seguía siendo la entidad política más grande y poderosa del mundo conocido en el siglo V. Era "romano" a todas luces, con un emperador cristiano y un modo de vida característico del Imperio romano.

Los autoproclamados "reyes" de los francos, visigodos, vándalos, ostrogodos, burgundios y otros antiguos pueblos bárbaros reconocieron la importancia del emperador romano de Oriente. También empezaron a adoptar algunas de las prácticas y títulos de los antiguos emperadores occidentales para legitimar su gobierno. Algunos, como el rey Teodorico el Grande del reino ostrogodo, emprendieron guerras contra los gobernantes vecinos para fortalecer sus posiciones como los reyes más prominentes de la Europa post-romana. Sin embargo, estos reyes bárbaros nunca fueron reconocidos por Bizancio como gobernantes legítimos, y mucho menos como iguales al emperador de Constantinopla.

Los escritores orientales denunciaron su realeza, añorando los días en que la mitad occidental del imperio había sido tan fuerte. Muchos imaginaron un mundo en el que el Imperio romano de Oriente restablecía el control sobre las provincias perdidas de Europa. Quizá el emperador Justiniano fue quien mejor lo consiguió a mediados del siglo VI, cuando reconquistó durante un tiempo partes de Italia, el norte de África e Iberia.

Sin embargo, tal vez estaba claro desde el principio que no había forma de que el Imperio romano de Oriente ejerciera el control sobre las antiguas provincias de Occidente. La escala de la agitación sociopolítica era demasiado grande para que eso hubiera sido posible. Las invasiones bárbaras habían interrumpido los canales de comunicación entre Oriente y Occidente, donde, como hemos mencionado, cualquier vestigio de administración central había desaparecido a finales del siglo V. En definitiva, como el futuro de Europa y de los antiguos territorios del Imperio romano de Occidente parecía incierto, el Imperio romano de Oriente no podía permitirse resolver la agitación de Occidente.

Aun así, era necesario que un individuo o una institución volviera a imponer el orden para mantener a raya a los reinos bárbaros emergentes y proporcionar una solución al caos que se había desatado tras la caída de Roma. Y, a su debido tiempo, la Iglesia católica romana tomaría este papel. Había sufrido mucho con la caída del Imperio romano de Occidente. Fue privada en gran medida de su riqueza y recursos materiales, pero había logrado conservar su prestigio. El cristianismo seguía siendo la religión en la mayor parte de la Europa post-romana, que ahora estaba gobernada esencialmente por reyes paganos.

A partir del siglo VI, los primeros papas de la Iglesia romana intentaron aprovechar esta situación ofreciendo el cristianismo a los reyes bárbaros como fuente de legitimidad y forma de identificarse con el antiguo poder del imperio. Esto caló hondo en el pueblo. Uno a uno, los reyes bárbaros aceptaron esta oportunidad y se convirtieron al cristianismo. La conversión de un líder impulsaba a sus súbditos a convertirse también, lo que provocaba un efecto dominó que continuó en Europa Occidental durante unos dos siglos, hasta que la mayoría de los reinos bárbaros eran, al menos de nombre, cristianos.

Por supuesto, pasarían generaciones antes de que se abandonaran los antiguos modos de vida paganos y se estableciera firmemente una sociedad cristiana característica de la Edad Media. Sin embargo, a finales del siglo VII, la mayor parte del antiguo Imperio romano de Occidente en Europa, incluyendo Italia, Galia, Iberia y Britania, estaba bajo el control de gobernantes cristianos. Poco a poco, la Iglesia romana adquirió la misma importancia que había tenido durante el Imperio romano tardío. Esto se acentuó aún más con el reinado de Carlomagno.

También en la *Historia eclesiástica del pueblo inglés* del venerable Beda encontramos el relato de la conversión de los anglosajones. Aunque su relato es bastante simplista, los historiadores lo consideran correcto en líneas generales.

El primer rey anglosajón que se convirtió fue el rey Ethelbert de Kent, a finales del siglo VI. Se había casado con una princesa franca merovingia, Bertha, hija de Charibert I, que era cristiana. En aquella época, Canterbury era un centro destacado del reino de Kent. Parece ser que, tras la llegada de Bertha, el rey Ethelbert permitió a un obispo franco restaurar allí una antigua capilla. Esto apunta a la ya tolerante actitud del rey Ethelbert hacia la libertad de culto.

Es posible que Ethelbert y su corte solicitaran al papa el envío de una misión cristiana a sus dominios. En aquella época, la Iglesia romana estaba encabezada por el papa Gregorio I, que llegó a ser conocido como Gregorio el Grande por sus esfuerzos y su muy exitoso papado. El papa Gregorio apoyó muchas actividades misioneras desde el principio, hasta el punto de que la primitiva Iglesia romana le debió en gran medida su renovada prevalencia en la Europa post-romana.

Circunstancias políticas obvias habrían hecho de la misión gregoriana a los anglosajones, y especialmente a la corte del rey Ethelbert, una decisión lógica. En primer lugar, Gregorio escribió extensamente a los reyes francos para que ayudaran a la misión enviando monjes y sacerdotes de sus dominios para acompañar a Agustín, un monje de Roma a quien Gregorio había elegido para dirigir la misión en 595. Al involucrar a los francos, Gregorio sabía que Ethelbert estaría más inclinado a recibirla positivamente. (Su esposa era de origen franco y los francos ejercían una gran influencia sobre Kent tanto económica como culturalmente). Además, Ethelbert ya había permitido a Bertha y a un capellán franco practicar el cristianismo en Canterbury.

Y lo que es más importante, la conversión de Kent habría sido un gran paso hacia la conversión de otros reinos anglosajones, ya que en aquella época Kent era el más destacado de ellos. En cualquier caso, tras partir de Roma y sufrir una serie de reveses iniciales, la misión gregoriana desembarcó en Kent en 597.

El relato de Bede sobre la conversión de los anglosajones es muy optimista y tendencioso. Su descripción de los acontecimientos que siguieron a la conversión de Ethelbert, que muy probablemente tuvo lugar en 597, describe una población ansiosa y una reacción en cadena de conversión de otros reinos que sólo terminó en la década de 660. Aunque Bede equipara la conversión de un líder a la conversión del resto de sus súbditos, esta noción sólo es parcialmente cierta incluso cuando se aplica a sociedades con una fuerte relación entre el líder y sus súbditos, como los anglosajones.

La conversión de Ethelbert no estuvo motivada únicamente por razones religiosas; detrás de este movimiento había claras motivaciones políticas. También parece que Ethelbert no obligó activamente a sus súbditos a convertirse y que sólo promovió el cristianismo de forma vaga. Aunque algunos miembros de su corte se convirtieron, es poco probable que la mayoría de la población anglosajona aceptara el cristianismo en los años siguientes. La carta del papa Gregorio a la Iglesia de Alejandría, fechada en 598, menciona que diez mil anglosajones se habían convertido. Además, para el año 601, la misión que se había establecido firmemente en Canterbury informó a Roma, solicitando recursos adicionales para expandir el cristianismo fuera de Kent. Esto sugiere que los misioneros podrían haber tenido dificultades.

La cristianización de la Inglaterra anglosajona llevó generaciones. El rey Caedwalla de Wessex, por ejemplo, considerado el último rey anglosajón pagano, no se convirtió hasta el año 688, y su bautismo tuvo lugar en Roma. Además, es probable que las campañas activas contra el paganismo no fueran dirigidas por los reyes hasta finales del siglo VII.

Antes de eso, parece que los reyes paganos y cristianos se alternaban en los reinos anglosajones. Un rey se convertía al cristianismo, pero su sucesor volvía al paganismo, frenando la expansión de la religión. Por ejemplo, tras la muerte de Saberht de Essex, un sobrino de Ethelbert que fue bautizado en la corte de éste en 604, sus sucesores (Sexred y Sæwred) siguieron promoviendo el paganismo a partir de 613. El paganismo persistiría en Essex hasta mediados del siglo VII, antes de que el rey Sigebehrt fuera convencido por el rey Oswiu de Northumbria para adoptar el cristianismo en 653.

En general, esta podría haber sido la razón por la que la comunicación entre la Iglesia en Gran Bretaña y el papado también disminuyó entre finales de la década de 620 y finales de la década de 650. La situación era caótica, con reyes individuales tratando de afirmar su dominio sobre los obispos cristianos que habían ganado prominencia durante los reinados de los reyes anteriores, y así sucesivamente. Razones externas, como las relaciones con los francos cristianos, también podrían haber influido en las maniobras de los anglosajones a lo largo del siglo VII.

Las complicaciones también vinieron del tipo de cristianismo adoptado por los gobernantes anglosajones y sus súbditos, ya que la misión gregoriana de Kent no parece ser la única influencia cristiana, especialmente en los dominios anglosajones orientales y septentrionales. Wessex, Northumbria y Mercia recibieron la influencia de misioneros cristianos procedentes de Escocia e Irlanda. No fue hasta el Sínodo de Whitby, en 664, cuando los gobernantes de la heptarquía se unieron para borrar las diferencias en sus respectivos cultos cristianos.

Si tenemos en cuenta el hecho de que los britanos romanos habían practicado el cristianismo mucho antes de la misión gregoriana, también es probable que muchas personas que parecían haber sido cristianas para Bede, Agustín y otras figuras del cristianismo primitivo fueran britanos y no anglosajones.

Así, en la década de 660, el papado nombró al griego Teodoro como cabeza de la Iglesia en Canterbury para unificar las diferencias entre el cristianismo escocés, británico y anglosajón que habían sido promovidas por los misioneros papales. Era evidente que la Iglesia de la Inglaterra anglosajona necesitaba una reorganización. Los esfuerzos de Teodoro, que incluyeron acciones como la reorganización de las diócesis inglesas existentes y la redistribución de recursos entre los distintos obispados, culminaron con la clarificación de la doctrina en el Sínodo de Whitby, celebrado en el reino de Northumbria. Cuando escribió la *Historia Eclesiástica* en el año 731, Bede consideraba las reformas de Teodoro esencialmente como la época dorada del cristianismo anglosajón.

Los gobernantes anglosajones, al igual que otros reyes bárbaros de Europa tras la caída de Roma, se sintieron atraídos por el cristianismo para explotar las ventajas políticas que aportaba. Además de ser una forma de identificarse con los grandes romanos como elemento esencial de la romanitas, o "romanidad", el cristianismo también aportó un misticismo que reconfirmó los poderes de los reyes en diferentes aspectos.

Desde muy pronto, el cristianismo en la Inglaterra anglosajona contribuyó a reestructurar la vida religiosa en torno a la familia real y al rey y lejos de los poderosos sacerdotes paganos. También consiguió este efecto de una manera totalmente estética. La realeza se hizo más grandiosa, asemejándose cada vez más a la fastuosidad de los antiguos emperadores romanos que eran ensalzados durante su vida; se consideraba que los mejores poseían cualidades que los situaban por encima de los demás en la jerarquía social. Las galas reales de los reyes anglosajones se hicieron más preciosas y pronunciadas, a veces incluso excesivas, confeccionadas con materiales lujosos importados, como la seda, y conteniendo cada vez más joyas. Mientras que antes habían sido compañeros jefes tribales que habían ascendido a la nobleza, los reyes se distinguían ahora por su majestuosidad.

Aunque pasaría un tiempo antes de que la sociedad anglosajona aceptara la idea de que la realeza estaba ordenada divinamente, la adopción del cristianismo fue sin duda un paso calculado para consolidar el poder de los reyes anglosajones, que necesitaban ser percibidos como "reyes". El cristianismo trajo funcionarios que serían muy útiles en este empeño. Los clérigos sabían leer y escribir y, por tanto, estaban bien informados, no sólo sobre asuntos religiosos, sino también sobre historia, sociedad, cultura y leyes. Forjar relaciones estrechas con el clero cristiano significaba, por tanto, forjar relaciones estrechas con personas que podían ser de gran utilidad en los tribunales. Así pues, esta relación se entrelazó muy pronto y tuvo efectos prácticos.

A medida que los anglosajones se convertían en mayor número y el cristianismo se afianzaba en la sociedad, mantener el patronazgo sobre el clero se convirtió en una tarea costosa, que sólo los más ricos de la nobleza podían sostener. A pesar de sus costes, que incluían la concesión de tierras y numerosos recursos a la Iglesia, los beneficios del patronazgo eran inmensos para los gobernantes. Los reyes que nombraban obispos leales a ellos pasaban a estar esencialmente a cargo de los territorios bajo estos respectivos obispados o diócesis. El nombramiento de obispos leales en lo que de otro modo se considerarían tierras "extranjeras" era, de hecho, una de las formas que tenían los reyes de aumentar su influencia sobre sus rivales. Con el tiempo, la capacidad de nombrar funcionarios religiosos para supervisar territorios se convirtió en sinónimo de realeza. Como resultado, reinos menores, como los Hwicce, fueron absorbidos completamente por reinos mayores.

En general, el cristianismo actuó como facilitador de la gobernanza y acelerador de la cohesión política en un entorno inestable. La adopción del cristianismo por parte de los gobernantes anglosajones fue un esfuerzo consciente por reinventar y elevar la realeza primitiva a un nuevo nivel.

A mediados del siglo VIII, el paganismo había sido esencialmente eliminado como fuerza social y cultural predominante en los reinos anglosajones. La Iglesia anglosajona, al principio dividida según las influencias políticas de líderes separados, ahora se adhería a los principios y doctrinas promovidos por la Iglesia romana y administrados por dos arzobispos: el de Canterbury, desde 669, y el de York, desde 735.

El resultado fue un paisaje político completamente diferente, con menos reinos y más grandes de la heptarquía que habían eliminado las distinciones más pequeñas basadas en el linaje tribal. Además de la homogeneidad introducida por el cristianismo, también se había desarrollado plenamente una lengua "inglesa" común a partir de los antiguos dialectos de los anglos, sajones y jutos, lo que proporcionaba la base para un sentimiento de identidad compartido. A pesar de ello, las rivalidades políticas entre los reinos más grandes estaban prácticamente superadas.

Capítulo Cuatro - La supremacía mercia

En este capítulo examinaremos el periodo de la historia anglosajona que sigue a su cristianización. Esta época, que abarca desde principios del siglo VIII hasta mediados del IX, se suele diferenciar como la época de la "supremacía mercia", término acuñado a principios del siglo XX. Esto se debe a que el Reino de Mercia se erigió como el reino más dominante de Gran Bretaña durante aproximadamente siglo y medio. La supremacía de Mercia, encabezada por la sucesión de sus poderosos reyes Ethelbald y Offa, se manifestó en el dominio político, económico y cultural de sus vecinos. Cuando consideramos los factores que hicieron de Mercia el reino más poderoso de los anglosajones en el siglo VIII, es importante pensar en lo cerca que estuvo de unificar políticamente la Inglaterra anglosajona. Los acontecimientos de este periodo sentarían nuevas bases para la noción de un reino unido de Inglaterra.

El auge de Mercia

Una peculiaridad obvia a tener en cuenta al hablar del dominio mercio a lo largo del siglo VIII es la falta de documentos escritos producidos en Mercia. De hecho, la mayor parte de lo que sabemos de los reinados de los reyes Æthelbald (Ethelbald) y Offa procede de fuentes escritas en otros reinos; por ejemplo, las obras de un monje benedictino llamado Bonifacio, que era de Wessex. Al parecer, los gobernantes mercios sólo escribían cartas. Gobernantes posteriores, como Alfredo el Grande de Wessex, hacen referencia a los códigos legales elaborados en este periodo en Mercia, aunque faltan pruebas arqueológicas y textuales que lo confirmen.

Aunque sabemos que Mercia era la fuerza política y económica más fuerte de Gran Bretaña en esta época, la falta de documentos sugiere que la organización estructural del poder mercio era muy diferente de la de otros reinos dominantes de la época. Además, cualquier material de este tipo podría haber sido destruido fácilmente más tarde, sobre todo durante las invasiones vikingas, que afectaron a Mercia con especial dureza.

Sin embargo, no hay razón para sospechar que las crónicas extranjeras tuvieran una estrategia activa contra los reyes mercios o que sus escritos tuvieran un sesgo inherente. Aun así, sus perspectivas, especialmente a la hora de clasificar las decisiones de los gobernantes, habrían diferido notablemente de los relatos de quienes operaban más cerca de las cortes reales de Mercia en el siglo VIII.

Cuando hablamos de la dominación de Mercia a lo largo del siglo VIII, no debemos olvidar que el reino también había sido relativamente fuerte en los cien años anteriores. Sus gobernantes eran reyes de reinos más pequeños del centro de Inglaterra y a veces dominaban partes del sur. El rey Penda, por ejemplo, que reinó hasta su muerte en 655, libró repetidas guerras con éxito contra los northumbrios, los anglios orientales y los sajones occidentales. Durante su reinado, se afianzó el control mercio sobre las Tierras Medias y su influencia se extendió a sus sucesores. En esta época, los mercios también afirmaron su poder sobre el reino de Hwicce e incluso ocuparon zonas del sureste de Inglaterra, como Londres y Surrey. Así pues, a finales del siglo VII, puede decirse que Mercia ya estaba posicionada para dominar a sus rivales, aunque no en la medida en que lo haría más tarde.

Por tanto, la naturaleza del dominio mercio en el siglo VIII se debe principalmente a dos factores. El primero fue la cristianización de los dominios anglosajones, ligada al fortalecimiento de la realeza. El segundo factor fue la longevidad de dos de sus gobernantes consecutivos: Ethelbald y Offa. De hecho, ambos se encuentran entre los reyes que más tiempo han gobernado en la historia anglosajona. En comparación, hubo más de diez reyes northumbrios en el mismo periodo.

Gracias a la influencia del clero cristiano y a los avances territoriales que los anteriores reyes mercios habían realizado antes de sus reinados,

Ethelbald y Offa construyeron sobre los cimientos que se les habían entregado y convirtieron Mercia en el reino anglosajón supremo de Gran Bretaña. Utilizaron sus vastos recursos para introducir mejores métodos de ejercicio de la autoridad real a mayor escala y así estuvieron a punto de crear el primer estado "inglés", aunque lo más probable es que ésta nunca fuera su intención.

Ethelbald se convirtió en rey de los mercios en 716, sucediendo en el trono a su primo Ceolred. Ethelbald había estado exiliado durante el reinado de Ceolred (tal vez por el propio Ceolred) por razones desconocidas. La historia de su acceso al trono se relata en la *Vida de San Guthlac*, escrita por un autor llamado Félix para el rey Ælfwald de Anglia Oriental, que reinó de 713 a 749. El autor menciona que Ethelbald se exilió durante el reinado de Ceolred. El autor menciona que el exiliado Ethelbald estaba en contacto con Guthlac, un antiguo noble mercio que se había retirado de la vida pública y vivía como ermitaño en Crowland, en la actual Lincolnshire. Guthlac había profetizado que Ethelbald se convertiría en rey, aunque murió dos años antes de que su profecía se cumpliera. No está claro exactamente cómo Ethelbald se hizo con el trono de Mercia, pero su contacto con Guthlac y la mención que se hace de él en una fuente de Anglia Oriental sugieren que era un candidato favorecido.

Cualquiera que fuera la historia exacta de la ascensión de Ethelbald, parece que se convirtió en el gobernante más poderoso al sur del río Humber durante los quince años siguientes, especialmente tras la muerte de los reyes de Wessex y Kent en 725 y 726. El Diploma de Ismere, una carta expedida por Ethelbald en 736 que registra una concesión de tierras a uno de sus súbditos, atribuye a Ethelbald los títulos de "Rey de los Mercios y de los Ingleses del Sur" y *Rex Britanniæ*, "Rey de Britania". Aunque "Rey de Britania" debe considerarse una exageración típica, el otro título concuerda con el relato de la *Historia Eclesiástica*, donde Bede llama a Ethelbald "rey al sur del Humber". No está claro si "al sur de Inglaterra" se refiere a todos los pueblos al sur del Humber o sólo a los considerados anglos (habitantes de Mercia y Anglia Oriental), pero significa la poderosa posición de la que gozaba Ethelbald en esta época.

A mediados de la década de 730, el reino de Mercia, bajo el mando de Ethelbald, controlaba importantes territorios al sur del Humber y ejercía una considerable influencia sobre sus asuntos políticos. Por ejemplo, Ethelbald aparece como soberano de Hwicce, al suroeste del corazón de Mercia, gobernada por una dinastía real local sometida al dominio de Ethelbald. Las cartas mercianas de la época mencionan esta relación. Otros documentos contienen información sobre tierras religiosas situadas más al este, en los alrededores de Londres, que estaban exentas de impuestos, lo que sugiere el alcance del poder de Ethelbald allí.

La influencia del gobierno de Ethelbald más al sur (en el reino de Kent, por ejemplo) fue menos pronunciada. Sólo puede deducirse del hecho de que los tres arzobispos sucesivos de Canterbury a mediados del siglo VIII eran mercianos. Los reyes de Kentish de la época parecen haber concedido tierras sin la participación directa de Ethelbald, lo que sugiere que el alcance de su influencia política allí se limitaba a las instituciones religiosas.

Ethelbald fue también el señor de Londres, patrocinando las actividades de la Iglesia allí, y fue durante su reinado cuando la ciudad cayó definitivamente fuera de la influencia política de los reyes de Essex.

Las relaciones de Ethelbald con los reyes de Wessex y Northumbria parece que fueron más complicadas, quizá debido a la relativa fuerza de estos reinos en comparación con Kent, Anglia Oriental o Essex. Hay pruebas de que hizo campaña contra Wessex ya en 733 y de nuevo en 740 contra el nuevo rey Cuthred. Tres años más tarde, sin embargo, Cuthred y Ethelbald emprendieron una ofensiva común contra los britanos de Gales, lo que sugiere que, o bien Cuthred estaba subordinado por Mercia, o bien los britanos eran simplemente una facción a la que veían como un enemigo común.

Así pues, el relato de Bede sobre el reinado de Ethelbald sobre los "ingleses al sur del Humber" no debe tomarse como la manifestación de un verdadero líder. La realeza anglosajona, aunque profundamente transformada por la introducción del cristianismo, se encontraba aún en sus primeras fases de desarrollo. Asimismo, los canales de comunicación simplemente no estaban lo suficientemente desarrollados como para hacer de Ethelbald la autoridad clara a los ojos de los ingleses del sur.

A pesar de ello, la influencia que ejerció (especialmente sobre los dominios de los Hwicce, Anglia Oriental y Essex) fue sin duda mayor que la de gobernantes anteriores, por lo que merece ser destacada, incluso por un escritor de una corte rival de Northumbria.

Ethelbald también hizo campaña contra Northumbria en dos ocasiones, en 737 y 740. Aunque sus ofensivas le supusieron poca influencia al norte del Humber, pone de relieve que intentaba explotar la debilidad de Northumbria mientras el rey Eadberht se encontraba lejos luchando contra los pictos en el norte. Algunos también han sugerido que Ethelbald se alió con los pictos para debilitar el dominio de Northumbria al norte de su reino. Sea como fuere, el dominio militar y político mercio durante el reinado de Ethelbald se limitó al sur del Humber.

El gobierno de Ethelbald fue, cuando menos, controvertido. Existen pruebas contrastadas sobre la naturaleza de su relación con la Iglesia o incluso sobre su conducta "poco cristiana". Bonifacio acusó a Ethelbald de no respetar el principio de monogamia y de ser adúltero, por ejemplo, además de su trato explotador y duro con el clero religioso. La primera de estas acusaciones podría explicarse por la prevalencia de tendencias paganas o precristianas entre los gobernantes anglosajones, cuya brújula moral podría no haber sido totalmente fijada a las nuevas normas. Por otra parte, su supuesto trato severo hacia monjes y obispos podría indicar que consideraba su influencia en los asuntos religiosos como una ventaja política.

Su impopularidad también se ve corroborada por la causa de su muerte en 757: el asesinato. El rey mercio fue asesinado a traición por motivos poco claros. El hecho de que le sucediera brevemente un noble llamado Beornred sugiere una posible conspiración, sobre todo porque el gobierno de Beornred fue interrumpido por Offa, que derrotó al contendiente ese mismo año o el siguiente.

El rey Offa de los Mercianos

El reinado de Offa, que duró treinta y nueve años, sólo se parece al de su predecesor Ethelbald en la extensión territorial de su poder. Su dominio se concentró en las Tierras Medias Mercianas e incluyó Londres, que se había convertido en un importante centro comercial para los primeros mercaderes medievales. Offa ejerció un control más directo sobre sus súbditos en Hwicce y Essex, a menudo colocando a nobles mercios en posiciones de poder en estos reinos y contribuyendo a su declive político.

A diferencia de Ethelbald, se percibía a sí mismo simplemente como "rey de los mercios" y no adoptó títulos superlativos que reivindicaran la supremacía de otros reinos. A diferencia de Ethelbald, en sus cartas oficiales nunca se le atribuye otro título. Esto podría sugerir que, en su época, la supremacía merciana ya se consideraba algo normal y los territorios que controlaba se veían como un reino merciano ampliado, no como una combinación de reinos más pequeños. Así pues, no hay pruebas de que pretendiera unificar una nación de anglosajones o ingleses. En su lugar, parecía haber estado motivado principalmente por los objetivos políticos pragmáticos de la expansión del poder.

Al igual que Ethelbald, limitó el alcance de sus ambiciones a los territorios al sur del Humber y no persiguió logros militares significativos en Northumbria. Sin embargo, el hecho de que su hija se casara con el rey Æthelred de Northumbria sugiere que no estuvo completamente al margen.

En lo que Offa y Ethelbald difieren significativamente es en su percepción de la realeza cristiana y en la percepción de su estatus a través de otras acciones.

El rey Offa de Mercia en un penique de plata[5]

Offa mantuvo correspondencia regular con Carlomagno del Imperio carolingio. Sin embargo, su relación con el soberano franco carolingio fue complicada, como demuestran las cartas que intercambiaron. Offa era, en efecto, el rey más poderoso de Britania en aquella época, muy respetado por sus contemporáneos, incluidos sus rivales. Sin embargo, en su correspondencia con Carlomagno se muestra excesivamente ambicioso, y sus ambiciones son frenadas por el emperador carolingio, que claramente no lo consideraba un igual.

Carlomagno, por ejemplo, se sintió insultado cuando Offa pidió que su hija Bertha se casara con el hijo de Offa, Ecgfrith. La petición de Offa era una proposición recíproca, ya que la corte de Carlomagno había solicitado que la hija de Offa se casara con Carlos, el hijo del emperador. Insultado, Carlomagno decretó un embargo comercial sobre los mercaderes mercios en sus tierras. Offa respondió con un embargo a los mercaderes francos que comerciaban en suelo mercio. A pesar de ello, ambos gobernantes mantuvieron su relación y levantaron los embargos comerciales a finales del siglo VIII. Carlomagno incluso envió regalos al rey mercio. Al menos, Carlomagno veía a Offa como una figura respetable y un aliado potencial, mientras que Offa estaba influido por la grandeza y el estatus de Carlomagno.

La influencia franca en Mercia durante el reinado de Offa puede observarse claramente en ciertos aspectos. En la historia de la Europa medieval, la realeza cristiana se convirtió en la forma más predominante durante el reinado de Carlomagno. Carlomagno mantuvo unas relaciones muy estrechas con el papado e impulsó su imagen de monarca cristiano de Europa siguiendo el modelo de los antiguos emperadores romanos (manifestado por su coronación como emperador en el año 800 por el papa León III). A partir de su reinado, la conexión entre la autoridad real y el cristianismo se hizo más importante en toda Europa. La Mercia de Offa no fue una excepción.

Offa empezó a emular algunas de las prácticas reales de la corte de Carlomagno. Por ejemplo, en 787, ungió a su hijo, Ecgfrith, como su cogobernante y pretendido sucesor, algo que ya habían hecho Carlomagno y los anteriores reyes francos. La unción de Ecgfrith corrió a cargo de un obispo cristiano, lo que le convirtió en sucesor legítimo y amplió la relación entre la Iglesia y la autoridad real. La afirmación de la realeza y la transmisión del poder se convertían así en un ritual sagrado, semejante a un rito cristiano. Además, Offa acogió en su corte a los obispos continentales y promovió sus actividades misioneras por todo su reino. Los misioneros celebraron un concilio religioso tras ser recibidos en Canterbury, al que asistió el rey Offa.

Offa también era estrictamente monógamo, algo que constituía una ruptura consciente con su identidad pagana o germánica. De hecho, la imagen de su esposa Cynethryth como reina del reino era también muy destacable en la Mercia del siglo VIII. En los estatutos oficiales, se la menciona como "reina de los mercios", y las pruebas arqueológicas incluyen monedas acuñadas en su nombre. Todo ello sugiere una estrecha interrelación entre el estatus de la reina y su imagen pública como tal. Era una manifestación más de la realeza cristiana: el rey tenía una esposa que era la reina del reino y apoyaba al rey participando en los asuntos de la corte. La monogamia proporcionaba legitimidad, un sentido de civismo y cristianismo, y un estilo de vida sostenible para Offa, algo que emularían los futuros monarcas anglosajones.

El rey Offa murió en 796 por causas naturales. Irónicamente, aunque había intentado garantizar un reinado seguro y fructífero para su hijo

Ecgfrith involucrándolo en los asuntos de la corte durante su vida, el reinado de Ecgfrith duró sólo unos meses. Además, murió inesperadamente en diciembre de 796. Alcuino de York, un maestro contemporáneo de Northumbria y discípulo del arzobispo Ecberto, menciona en sus cartas que el rey Offa había dedicado su vida a preparar a Ecgfrith para ser el siguiente rey, sólo para que Dios decidiera el destino de su heredero.

Cenwulf, primo de Ecgfrith de otra rama de la familia, se convirtió en rey a finales de 796, heredando un gran reino que necesitaba urgentemente un gobernante fuerte para mantener la estabilidad. Con el tiempo, Cenwulf fue ese líder, gobernando hasta 821 y conservando la influencia de Mercia como el mayor y más poderoso de los reinos anglosajones. Durante su reinado, el papel del rey de Essex disminuyó. En las cartas emitidas por Cenwulf, el rey de Essex aparece finalmente como un ealdorman (un antiguo rey local que se había convertido en vasallo de un rey mayor (con el tiempo, la palabra conde sustituiría a *ealdorman*).

Además de Essex, Cenwulf reafirmó el dominio mercio sobre Anglia Oriental y Kent, que muy probablemente se habían liberado del control mercio tras la inesperada sucesión de 796. El rey Eadberht III había ganado influencia en Kent, expulsando al arzobispo nombrado por los mercios, Æthelhard, y saqueando Canterbury. El rey Eadberht III había ganado influencia en Kent, expulsando al arzobispo de Æthelhard, nombrado por los mercios, y saqueando Canterbury. Curiosamente, al declarar la guerra a Kent, Cenwulf solicitó una sentencia del papa León III, que había excomulgado a Eadberht, para demostrar que su guerra contra Kent era justificable y cristiana.

Sin embargo, a pesar de las tempranas victorias de Cenwulf, el comienzo del siglo IX resultaría difícil. El principal problema con el que tuvo que lidiar Cenwulf fue la sucesión de Wessex. El heredero, Ecgberht, que había sido obligado a exiliarse por el rey Offa, regresó a Wessex y desafió la dominación mercia. Para reimponer su autoridad, Cenwulf lanzó una invasión contra Ecgberht, pero no logró sus objetivos. Wessex conservó su independencia.

La mayoría de los acuciantes problemas políticos con los que se encontró Mercia durante el periodo de su dominio estaban relacionados con el hecho de tener que afirmar constantemente el control sobre sus súbditos por medios militares. Y, aunque Mercia fue uno de los primeros reinos anglosajones en dominar militarmente a sus vecinos, lucharía por mantener sus logros de forma permanente.

Una nueva sociedad

La época de dominación mercia es mucho más que exitosas conquistas militares y poder político. De hecho, puede afirmarse que, de no haber sido por el desarrollo de estos aspectos, los avances logrados por los reyes Ethelbald y Offa no habrían sido sostenibles. El periodo de la supremacía mercia abarca las transformaciones socioeconómicas y culturales que configuraron el aspecto de la vida anglosajona en el siglo VIII y se convirtieron en su elemento básico durante los siglos siguientes.

El principal factor económico que impulsó el dominio de Mercia en este periodo fue el drástico desarrollo de una red de ciudades dedicadas al comercio, conocidas como emporios, situadas en su mayoría en la costa oriental de Inglaterra. Durante la primera mitad del siglo VIII, los emporios de la Inglaterra anglosajona, entre ellos Londres, York, Southampton e Ipswich, comenzaron a expandirse. Las pruebas arqueológicas sugieren que la actividad económica en estas zonas alcanzó su punto álgido durante el siglo VIII, y que ello estuvo ligado al crecimiento demográfico.

El creciente número de llegadas a estas ciudades amplió y modificó su trazado para dar cabida a nuevos proyectos infraestructurales, civiles y militares. Se construyeron nuevas carreteras y puentes para conectar los nuevos asentamientos en los alrededores de Londres y York con los antiguos centros urbanos. Esto condujo al establecimiento de nuevas fábricas a pequeña escala y a un aumento del comercio con la Europa continental, especialmente con el norte de Francia y los Países Bajos, que en el siglo IX eran dominios francos cristianizados. Ipswich, ciudad de lo que había sido Anglia Oriental antes de su sumisión a Mercia, desarrolló industrias como la alfarería, ampliamente conocida en todos los reinos anglosajones por su gran estilo y calidad.

Los historiadores debaten sobre si el crecimiento de estas ciudades fue estimulado por las políticas de los gobernantes mercios o si éstos simplemente tuvieron la suerte de gobernar durante una época de crecimiento. Sin embargo, es poco probable que una expansión de esta envergadura en tan poco tiempo hubiera podido persistir orgánicamente sin la participación de figuras autorizadas que aportaran recursos.

De hecho, lo más probable es que esta práctica fuera adoptada de los francos: bajo Carlomagno, los comerciantes francos eran protegidos por la Corona si se veían perjudicados u oprimidos en tierras extranjeras. La estrecha relación entre mercaderes francos y anglosajones queda patente en el incidente en el que Carlomagno y Offa decidieron decretar embargos sobre las mercancías vendidas por mercaderes mercios o francos.

Además de los reyes, la Iglesia, incluidas las iglesias locales y los monasterios, también puede haber contribuido a este crecimiento, ya que se beneficiaron en gran medida del aumento del comercio, la producción local y el acceso a nuevas rutas comerciales. Muchas de estas instituciones estaban exentas de impuestos o aranceles bajo el dominio mercio a cambio de promover el comercio y el intercambio de bienes a nivel local. Por ejemplo, la Iglesia necesitaba ciertos bienes importados para llevar a cabo sus ceremonias y ritos religiosos, como el aceite de oliva o el vino, que sólo podían importarse del continente.

Las huellas de la participación de "funcionarios del Estado" en los asuntos económicos de los emporios pueden observarse ya a finales del siglo VII en Kent. Como se observa en las cartas reales, estos individuos eran recaudadores de impuestos o aranceles para la Corona. Lo más probable es que estos servidores reales gravaran con impuestos a quienes utilizaban los caminos o entraban en los puertos anglosajones desde el extranjero, como era práctica habitual en la Europa continental de la época.

Los monasterios, que solían estar apartados de las zonas urbanas hasta que inevitablemente surgían pequeños asentamientos a su alrededor, estaban conectados con los emporios a través de una red de edificios de tipo administrativo. Situados en zonas remotas del país a lo largo de las rutas comerciales, estos emplazamientos incluyen pruebas arqueológicas en forma de numerosas monedas y diferentes mercancías locales o extranjeras. Es probable que estos lugares de producción sirvieran tanto de depósitos de mercancías como de centros administrativos que controlaban aún más el comercio y regulaban la oferta y la demanda entre las distintas zonas.

Los centros de la economía urbana anglosajona también contaban con el apoyo de una creciente economía rural, posible gracias a los avances de la agricultura a partir del siglo VII. Los alimentos y las materias primas se suministraban a los emporios a través de los centros de producción de estos asentamientos rurales, que por lo demás quedaban fuera de la red de las principales rutas comerciales anglosajonas.

Entre los avances agrícolas de la época destaca el paso de una agricultura de subsistencia a una producción agrícola más diversificada. Las granjas del siglo VII empezaron a cultivar productos que también eran más rentables y abastecían los mercados de los emporios con sus productos. Esto también condujo a una mayor organización de las tierras de labranza, con demarcaciones claras. Las evidencias arqueológicas también sugieren el abandono de antiguos asentamientos cuando el rendimiento ya no satisfacía los niveles requeridos debido al agotamiento de la tierra. Los historiadores creen que el traslado a gran escala de esas tierras a otras más ricas explica el abandono, poco claro por otra parte, de antiguos asentamientos como Mucking, en Essex, que habían estado habitados varios miles de años antes. Tales cambios provocaron un notable aumento de la producción agrícola rural.

Los cambios en la estructura de la economía anglosajona estuvieron muy ligados a los cambios sociales y culturales que se produjeron a gran escala a lo largo del siglo VIII. Estos cambios fueron provocados por la cristianización de los anglosajones, cuyos gobernantes eran al menos nominalmente cristianos a finales del siglo VII. A medida que Mercia se alzaba con el poder, el cristianismo se afianzaba aún más en la sociedad anglosajona. Lentamente se fue transformando de una sociedad que había sido cristianizada a una sociedad que era cristiana.

Esto se debió en parte a que el cristianismo se introdujo en la vida cotidiana de la gente común. Reguló la mayoría de los aspectos de la vida desde el principio debido a sus numerosas ceremonias y rituales. Aunque lo mismo puede decirse del sistema de creencias pagano, que también se basaba en rituales frecuentes, el cristianismo permitía muchas menos variaciones de un individuo a otro. En comparación, el paganismo era una religión muy individualista.

El cristianismo anglosajón en el siglo VIII

La creciente relevancia del cristianismo dio lugar al desarrollo de una red muy eficaz de iglesias, monasterios, obispados y diócesis por todos los reinos anglosajones. La élite anglosajona, compuesta por aristócratas ávidos de poder, comenzó a explotar estos avances de diferentes maneras, creyendo que era posible obtener más poder y riqueza con la ayuda del cristianismo. Ejercer influencia sobre la Iglesia colocaba a las élites en una posición poderosa para influir en el pueblo, que escuchaba a los frailes y obispos y los veía como sus guías espirituales a lo largo de la vida. Así pues, la Iglesia y la clase dirigente de los anglosajones empezaron pronto a desarrollar una relación simbiótica. Desde finales del siglo VII, varias iglesias y monasterios, que habían adquirido tierras de la nobleza, se liberaron de cargas para aumentar su influencia.

Respetar esta relación compleja y mutuamente beneficiosa era importante. Así lo demuestra la historia del rey Ethelbald, quien, como escribe el monje Bonifacio, explotó enormemente a los monjes de Mercia durante su reinado. En 749, Ethelbald parecía haber fijado su relación con la Iglesia, eximiéndola de impuestos en todo su reino y concediéndole el derecho a disfrutar de los productos de las tierras cultivadas en su posesión. Tales privilegios, sumados al creciente papel de los monasterios en el comercio interior, aceleraron el crecimiento del poder de la Iglesia. En los albores del siglo VIII, la Iglesia se había enriquecido enormemente con todas estas ventajas.

Los monasterios fundados a lo largo de los reinos anglosajones desde finales del siglo VII presentaban una diversa gama de influencias de culturas vecinas, incluyendo tradiciones irlandesas, francas e incluso italianas. El resultado fue una gran variedad de modelos de vida monástica. Muchos monasterios eran grandes y se encontraban en zonas remotas aisladas del público, pero no siempre fue así.

En inglés antiguo, la palabra *minster* se utilizaba para referirse a todas las comunidades cristianas, independientemente de su tamaño o tipo de organización, una palabra con la misma etimología que el *monasterium* latino. Aunque con el tiempo la palabra fue sustituida por el término "monasterio", posteriormente se utilizó como título para determinadas iglesias de toda Inglaterra. Entre las iglesias más destacadas que llevan el nombre inglés antiguo se encuentran la famosa Abadía de Westminster, en Londres, y la Minster de York, en Yorkshire. Los minsteres fueron dotados de derechos mediante cédulas reales especiales.

A mediados del siglo VIII, los monasterios ingleses ya tenían varios detractores. El venerable Bede, por ejemplo, en una carta dirigida al obispo Ecgberht de York en 734, critica apasionadamente las prácticas de los monjes en los monasterios de Northumbria. Menciona a nobles corruptos que obtuvieron cédulas reales para fundar monasterios, pero que no conocían la tradición monástica ni el modo de vida cristiano. Bede afirma que estos individuos no perseguían activamente un estilo de vida cristiano, incumplían muchas reglas sagradas como el celibato y utilizaban los privilegios que les otorgaban los fueros para enriquecerse y acumular riquezas que pudieran transmitir a las generaciones futuras.

Esencialmente, la crítica de Bede radicaba en la creencia de que la vida monástica debía ser enteramente eclesiástica, practicada únicamente por el clero y no por figuras seculares como la nobleza. Consideraba que las élites sociopolíticas de la comunidad anglosajona estaban invadiendo la vida eclesiástica con sus influencias y mermando su independencia.

Bede no estaba solo en sus críticas, ya que el monje Bonifacio hizo acusaciones similares en su carta de 747 al arzobispo Cuthbert de Canterbury. En ella sugería al arzobispo que introdujera en la Iglesia anglosajona las mismas reformas que se habían introducido en la Iglesia franca. Una de las reformas necesarias era despojar a los laicos del control sobre los monasterios, afirmaba Bonifacio. También mencionó que debían introducirse cambios en el comportamiento y la apariencia del clero. Por ejemplo, los obispos debían vestir de forma más modesta.

Estas críticas se abordarían ese mismo año en el Concilio de Clovesho, un sínodo especial que se había reunido por primera vez cinco años antes. Al Concilio de 747 asistieron el clero de la archidiócesis de Canterbury y el rey Ethelbald de Mercia. Tras muchas discusiones y deliberaciones, el sínodo proclamó una serie de cánones que debían observarse en los monasterios, abordando aparentes deficiencias entre los miembros del clero, como casos de libertinaje y embriaguez o arrogancia y estilos de vida lujosos. El concilio también intentó introducir límites más claros para la participación de los laicos (sobre todo, de la nobleza anglosajona) en los asuntos religiosos de los monasterios. El concilio sugirió que los obispos locales investigaran los monasterios locales bajo el control de aristócratas ricos para resolver los posibles problemas tratados por Bede y Bonifacio en sus cartas.

Parece que el concilio pretendía definir mejor las fronteras entre la vida secular y la eclesiástica, sin condenar públicamente a la aristocracia por explotar el cristianismo en beneficio propio ni imponer castigos extremos como la excomunión. Como se desprende de las actas del concilio, la Iglesia anglosajona del siglo VIII mantenía una rivalidad ciertamente agridulce con las élites políticas anglosajonas. Reconocía que la rápida propagación del cristianismo se debía en gran medida a la implicación de la nobleza anglosajona, pero también criticaba a ésta por no mantener altos niveles de vida eclesiástica en los monasterios bajo sus dominios.

Las críticas dirigidas a la fuerte implicación de los líderes seculares en las instituciones religiosas tenían sus raíces en la verdad. Sin embargo, la Iglesia anglosajona tuvo sus propios problemas con el clima político en constante cambio y la asociación de ciertas instituciones religiosas con determinados gobernantes. Los reyes Ethelbald, Offa y Cenwulf solían patrocinar monasterios y otras instituciones religiosas situadas en territorios conquistados. De este modo, estas instituciones quedaban bajo la influencia directa del rey, al servicio de sus intereses cuando se trataba, por ejemplo, de extender el poder político de los mercios sobre sus súbditos recién adquiridos. Los monasterios de Kentish del siglo IX, por ejemplo, aunque nominalmente estaban bajo el control del arzobispado de Canterbury, eran mecanismos para que los reyes mercios obtuvieran un firme control político. El clero que operaba en estas instituciones no era en absoluto exclusivamente leal a la Iglesia, lo que provocó el estallido de numerosas disputas.

Aunque la implicación de la nobleza en los asuntos religiosos durante el siglo VIII acarreó muchos problemas y críticas, es difícil negar las contribuciones materiales de la nobleza al desarrollo de una cultura intelectual y artística única. El contacto con la Iglesia franca fue vital en este sentido. Durante el reinado de Carlomagno, el clero inglés visitaba a menudo la corte franca. Desde allí traían diferentes textos y fomentaban la erudición en los monasterios ingleses.

Los avances en los campos intelectual y artístico fueron de la mano de la Iglesia anglosajona. El arte insular, a veces denominado arte hiberno-sajón, es una asombrosa combinación de elementos anglosajones y cristianos céltico-irlandeses, que dio lugar a un estilo de arte religioso muy diferente al del continente. La influencia del cristianismo irlandés es especialmente evidente en Northumbria, debido a los estrechos vínculos del reino con los pueblos celtas de Irlanda y Escocia.

Hay muchos ejemplos de manuscritos religiosos de estilo insular producidos en los reinos anglosajones durante este periodo. *Los Evangelios de Lindisfarne*, realizados en Northumbria a finales del siglo VII, son un evangeliario con una decoración elaborada y fastuosa y un estilo propio. Presenta los retratos de los cuatro evangelistas y otras decoraciones, como las de las páginas alfombradas que preceden al comienzo de cada evangelio. Este y otros manuscritos, como el Evangeliario más antiguo que se conserva, el *Libro de Durrow*, y los Evangelios de Lichfield, de 236 páginas, demuestran claramente el apogeo de las influencias artísticas en el arte anglosajón a finales del siglo VII y principios del VIII. Estas influencias persistieron hasta aproximadamente el siglo X, cuando quizá se vieron interrumpidas por las invasiones vikingas.

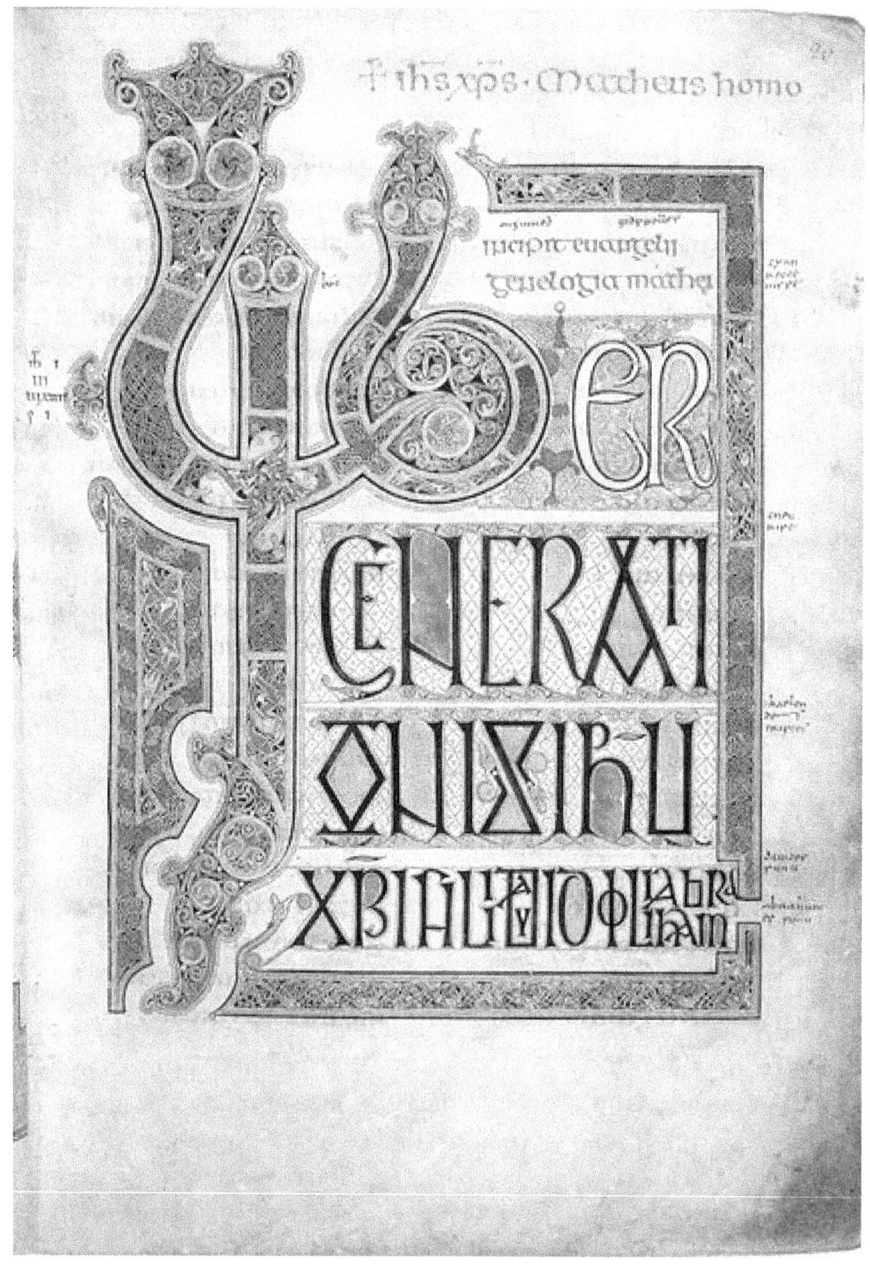

Folio de los Evangelios de Lindisfarne[6]

El estilo insular hiberno-sajón también es destacable al sur del Humber, en los reinos controlados por Mercia durante el siglo VIII, a pesar de que el cristianismo celta había sido menos importante en estas zonas en siglos anteriores. Aquí, sin embargo, junto a los elementos insulares, el arte anglosajón adopta influencias continentales, inspirándose en gran medida en los estilos clásico e italiano. Estas influencias aparecen claramente en obras como el *Salterio Vespasiano*, un salterio iluminado producido en Canterbury en la primera mitad del siglo VIII, o el *Stockholm Codex Aureus*, un evangeliario producido también en Canterbury que contiene decoraciones en pergamino púrpura que recuerdan a los antiguos manuscritos de estilo imperial. Estos libros, junto con otras obras como el *Libro de Nunnaminster*, presentan un estilo artístico distintivo denominado "estilo Tiberio".

Los libros ilustrados no fueron el único tipo de arte producido en la Inglaterra anglosajona durante este periodo. En el siglo VIII se desarrolló un estilo único de escultura a ambos lados del río Humber. Las pruebas arqueológicas han hallado en Mercia una variada gama de este tipo de esculturas, fechadas a finales del siglo VIII, que presentan una combinación de estilos artísticos anglosajón, insular y clásico.

La relación que se desarrolló entre la Iglesia anglosajona y los laicos fue compleja y polifacética. Dado que la vida de un plebeyo era una vida cristiana, la Iglesia tenía autoridad y conocimientos no sólo para dar instrucciones generales, sino también para llevar a cabo actividades destinadas a satisfacer las necesidades espirituales de los laicos. Entre ellas estaban las actividades típicamente cristianas de la comunión, la confesión y el bautismo, por ejemplo, así como otros ritos como la predicación de los domingos.

Los monasterios u otras instituciones religiosas se enfrentaban a menudo a una serie de problemas a la hora de ofrecer estos servicios a los laicos. El más obvio era que las liturgias solían celebrarse en latín, una lengua ininteligible para la mayoría de los laicos. Por tanto, la mayoría probablemente no entendía el significado de los pasajes de la Biblia leídos en voz alta por los sacerdotes. Este problema existía también entre los miembros del clero, ya que muchos sacerdotes de monasterios pequeños o rurales se habían limitado a memorizar las frases latinas de la misa y no podían leer o entender el latín con fiabilidad. Este fue uno de los problemas mencionados durante el Concilio de Clovesho en 747, donde se sugirió que la misa se hablara en inglés antiguo en algunas zonas, en lugar de en latín. Sin embargo, el clero nunca llevó a cabo este cambio. En general, el concilio fomentó un mejor contacto entre los laicos y los miembros del clero para que los laicos participaran de forma más activa y apasionada en las actividades espirituales.

En conclusión, además de los cambios a gran escala en el clima político de la Inglaterra anglosajona a lo largo del siglo VIII, también se produjeron profundos cambios sociales, económicos y culturales. La dominación mercia se vio respaldada por un aumento de la actividad económica y una mejor reorganización de las estructuras sociales que aceleraron el crecimiento y la interconectividad. El aumento de los contactos políticos, económicos y culturales con otras sociedades, sobre todo con los francos bajo Carlomagno, dio lugar a la introducción de nuevas influencias en todos los aspectos de la vida. Durante la mayor parte del siglo y un breve periodo posterior, los reyes mercios fueron muy respetados. Habían dominado a sus rivales a una escala nunca vista hasta entonces. Además de la estabilidad económica, su supremacía también se mantuvo gracias a su compleja relación con las estructuras religiosas, que en última instancia sirvieron como medio para aumentar aún más la influencia real en tierras lejanas.

Culturalmente, la Inglaterra anglosajona de la época de la supremacía mercia fue testigo del afianzamiento del cristianismo como religión mayoritaria y fuerza sociocultural indiscutible. La Iglesia se estableció como una institución más respetable y poderosa, ganando más estructura y estabilidad durante el reinado de los reyes mercios. También fue la punta de lanza del desarrollo de un estilo artístico anglosajón único, ya que trató de combinar influencias de culturas vecinas en algo totalmente distinto.

Los reyes mercios no habían unido a todos los anglosajones en un solo reino y no parece que tuvieran intención de hacerlo. La mayoría de las veces actuaron por intereses materiales pragmáticos, pero al hacerlo consiguieron alcanzar un gran poder y ejercer una gran influencia sobre sus rivales. Pero, con la aparición de nuevas fuerzas en la Inglaterra anglosajona del siglo IX, la era de la supremacía mercia llegó rápidamente a su fin.

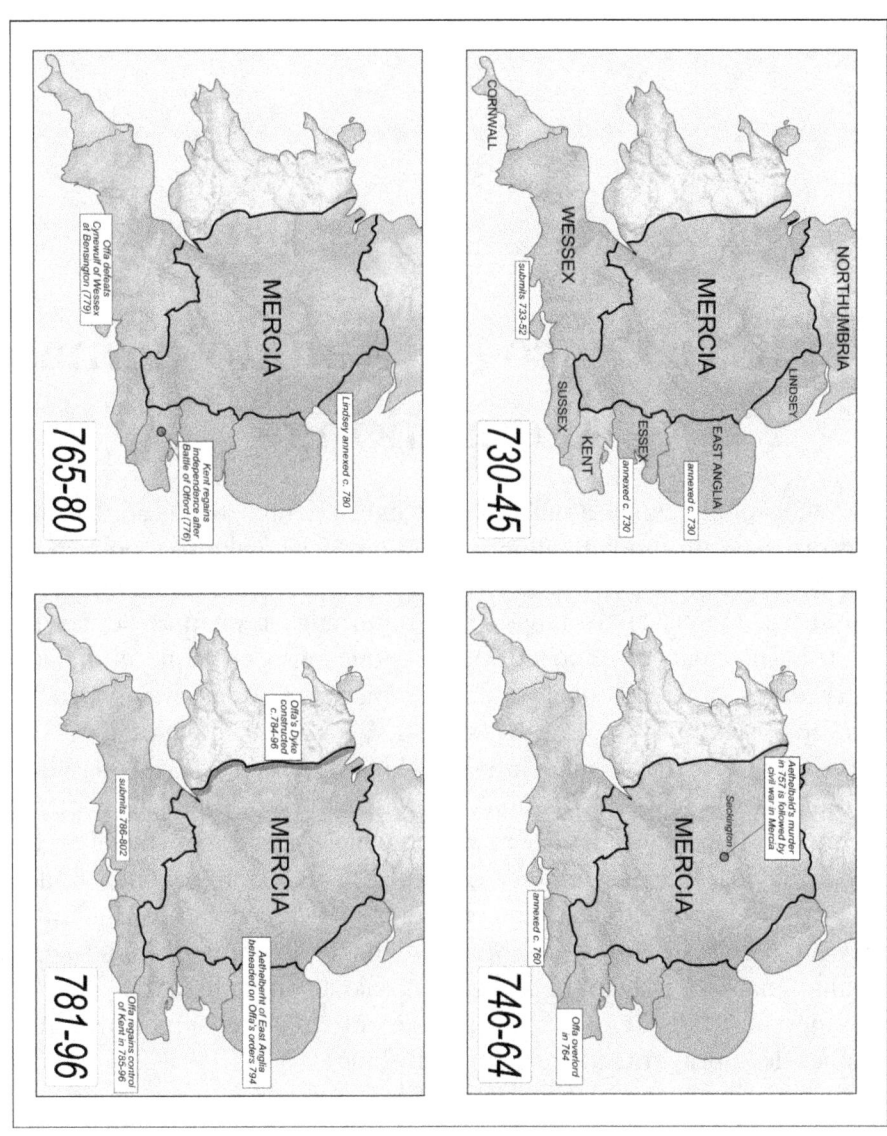

Ilustración de la expansión del poder de Mercia[7]

Capítulo Cinco - Los anglosajones y la era vikinga

En este capítulo, analizaremos los acontecimientos del siglo IX que transformaron profundamente el panorama social, cultural y político de la Inglaterra anglosajona. Este periodo marcó el declive gradual de la supremacía mercia en Britania como reino anglosajón más destacado. En su lugar surgió el reino de Wessex, que puso en jaque el antiguo poder mercio antes de establecer la supremacía sobre sus rivales. Pero lo más importante es que en el siglo IX los reinos anglosajones se enfrentaron a su mayor amenaza: los vikingos. Aunque la historia de la invasión vikinga de Gran Bretaña es ampliamente conocida, los vikingos son mucho más que pragmáticas y sangrientas incursiones militares. La llegada de los vikingos marcó un punto de inflexión para los reinos anglosajones, obligándoles a reconsiderar sus diferencias y a adoptar nuevas estrategias para luchar contra un enemigo común. Así pues, este capítulo analizará la historia de los anglosajones durante la Era Vikinga para descubrir los retos a los que se enfrentarían cientos de años después de la primera infame incursión vikinga.

Los vikingos

Los vikingos asaltarían por primera vez a los anglosajones en el año 793, desembarcando en el asentamiento nororiental de Lindisfarne, entonces parte del reino de Northumbria. Allí saquearon el monasterio y arrasaron con los lugareños. La naturaleza violenta y despiadada del repentino ataque a una institución religiosa por parte de extranjeros paganos causó conmoción en los reinos anglosajones y más allá. Los anglosajones habían estado en contacto con gente de Escandinavia desde que emigraron a Gran Bretaña, pero nunca antes habían entrado en guerra con ellos.

Alcuino de York, un antiguo erudito de Northumbria que ya se había unido a la corte de Carlomagno cuando tuvo lugar la incursión en Lindisfarne, expresó en sus cartas el horror que había sentido por lo que consideraba un ataque bárbaro que había profanado el cristianismo. Trató de justificar la destructiva incursión como un castigo enviado por Dios por el modo de vida malvado y poco cristiano de muchos habitantes de Northumbria y advirtió que temía que ese ataque no hubiera sido el último. Alcuino tenía razón: los vikingos volvieron a Northumbria al año siguiente y siguieron frecuentando los monasterios del norte, saqueando Tynemouth y Hartness a finales del siglo VIII. Sin embargo, Alcuino nunca pudo imaginar la magnitud de la invasión vikinga que llegaría a Inglaterra décadas después de la primera incursión en Lindisfarne. Los vikingos aún no se habían convertido en la mayor amenaza para los anglosajones.

Northumbria no fue el único lugar donde los vikingos hicieron acto de presencia en el periodo de unos trescientos años conocido como la Era Vikinga. Los nórdicos escandinavos hicieron incursiones, colonizaron, conquistaron y comerciaron con pueblos de toda Europa. Establecieron estrechas relaciones con los francos, que se estaban convirtiendo en la fuerza más dominante de Europa en aquella época, y alcanzaron la costa atlántica de Iberia y asaltaron algunas ciudades mediterráneas. Su despiadado ataque al norte de Francia les valió finalmente el reconocimiento del rey franco, así como una importante porción de tierra llamada Normandía. Establecieron su presencia en las Islas Feroe, el este de Irlanda y otras islas menores de las Islas Británicas. Más al oeste, llegaron a lugares de los que nadie en Europa había oído hablar, fundando colonias en Islandia y Groenlandia e incluso viajando hasta Norteamérica y desembarcando en Terranova.

Maestros de la navegación, los vikingos también utilizarían la vasta red de grandes ríos de Europa Oriental para llegar a las principales civilizaciones ricas de Oriente Próximo (el Imperio bizantino y el mundo musulmán de Oriente Medio) y viajar a través de los dominios de la Rus de Kiev y los mares Negro y Caspio. Los vikingos serían venerados por estos pueblos por su brillante destreza militar y su habilidad en el comercio, convirtiéndose en unos de los protagonistas más dominantes y convincentes de Europa hasta el siglo XI.

La imagen que tenemos de los vikingos como despiadados guerreros consumidores de cerveza con cascos cornudos procede de fuentes cristianas contemporáneas que inevitablemente los describen como paganos y bárbaros y se horrorizan ante su salvajismo. El mundo cristiano (antes de que los propios vikingos aceptaran la religión) fue sin duda víctima de su belicismo durante mucho tiempo, pero sería injusto mencionar a los vikingos únicamente en este contexto. De hecho, gran parte de la actividad vikinga durante la Era Vikinga tuvo que ver con la exploración, la colonización y el comercio, no sólo con la conquista militar, la piratería y las incursiones.

La espectacular expansión de la influencia vikinga a partir de finales del siglo VIII se ha explicado por varios factores. Una posible explicación son las duras condiciones de vida en Escandinavia. Una posible explosión demográfica a principios del siglo VIII pudo obligar a los escandinavos a buscar nuevas zonas donde asentarse, ya que sus tierras eran incapaces de satisfacer su creciente demanda de alimentos. Desde este punto de vista, su decisión de emprender incursiones parece lógica.

Otra explicación del rápido inicio de la Era Vikinga atribuye a los avances tecnológicos el principal catalizador de la salida al mar de los vikingos. Los avances en las técnicas de construcción naval y las mejoras en la navegación fueron factores cruciales en la marcada identidad vikinga. Los nuevos diseños de barcos les permitieron una mayor maniobrabilidad, dándoles la posibilidad de navegar por los ríos europeos, así como durabilidad y velocidad.

Además de estas teorías, también destaca la explicación económica. La recuperación económica y el crecimiento de la Europa del siglo VIII tras la caída de Roma en 476 podrían haber servido de motivación a los escandinavos para explotar las nuevas rutas comerciales y las ciudades más ricas del norte y el oeste de Europa. Durante este periodo circulaban productos comerciales más caros, y los crecientes centros comerciales anglosajones, francos, eslavos o incluso musulmanes parecían buenos objetivos para los vikingos. Escandinavia se vio expuesta en primer lugar a las rutas comerciales del norte y el este de Europa, y acabó llegando a las culturas más ricas de la cuenca mediterránea, como el Imperio bizantino.

Además de mercancías, los comerciantes y mercaderes de diferentes estados también intercambiaban información, una mercancía igual de útil en muchos casos. Traían noticias de los lugares que habían visitado, incluidas historias sobre sus riquezas y debilidades políticas y militares, crisis o conflictos locales. No es improbable que una de las motivaciones de los vikingos fuera explotar estas oportunidades lanzando incursiones en tierras que consideraban caóticas o inestables, como los reinos de los anglosajones.

Como ya hemos mencionado parcialmente, los primeros ataques de los vikingos en la Inglaterra anglosajona no se dirigieron contra los centros comerciales más ricos, como los emporios de Londres o Ipswich. En su lugar, los objetivos iniciales de las incursiones vikingas fueron instituciones religiosas mal defendidas, como los monasterios. En el capítulo anterior, nos hemos referido a la riqueza material presente en las iglesias y monasterios cristianos de la época, gracias al mecenazgo de las élites locales o a que las iglesias funcionaban como centros locales de comercio. En otras palabras, constituían objetivos privilegiados que albergaban una riqueza decente, pero que también eran relativamente fáciles de saquear. Aunque los escritores cristianos contemporáneos presentan las incursiones vikingas como ataques paganos dirigidos contra el cristianismo, ésta no era una motivación tangible de los vikingos.

El fin de la supremacía mercia

En el capítulo anterior hablábamos de la solidez del reino anglosajón de Mercia durante el siglo VIII. Los reinados de Ethelbald y Offa hicieron que Mercia fuera ambiciosa y poderosa, pero la prosperidad de su época terminaría gradualmente cuando Mercia entró en su periodo de decadencia a principios del siglo IX. El sucesor de Offa, Cenwulf, puede considerarse el último gran rey mercio, que gobernó hasta el año 821, pero su reinado se enfrentó a muchos desafíos desde el principio. Imponer el reinado sobre reinos menores siempre había demostrado ser una tarea complicada para cualquier monarca, pero a principios del siglo IX empezaron a surgir más problemas. Como ya hemos mencionado, Cenwulf se enfrentó a una gran oposición por parte de los reinos menores, sobre todo de Wessex, que se rebeló poco después de la muerte de Offa y se negó a someterse a los mercios. En el año 825, ya había signos claros del declive del poder político de Mercia en Inglaterra.

En conjunto, los siguientes acontecimientos en los reinos anglosajones durante el siglo IX coincidieron con una creciente actividad vikinga en Inglaterra. Los vikingos supusieron una importante amenaza para los anglosajones en un momento en el que se encontraban entre los más débiles, inmediatamente después de que el reino de Mercia perdiera su control e influencia.

Los acontecimientos del siglo IX se mencionan sobre todo en la *Crónica anglosajona*, que presenta el punto de vista de Wessex sobre los acontecimientos que condujeron al declive de Mercia. La *Crónica* menciona que los anglios orientales se dirigieron a Ecgberht de Wessex en busca de ayuda contra los mercios tras el fallecimiento del rey mercio Ceolwulf (hermano de Cenwulf) en 823. En ese momento, Mercia se vio sumida en una crisis sucesoria. Los ejércitos de Ecgberht derrotaron decisivamente a los mercios en la batalla de Ellendon en 825, cerca de la moderna ciudad de Swindon, obligando al reino a renunciar a sus esperanzas de sobre-reinado de Anglia Oriental y Kent.

De hecho, a partir de 825, las invasiones mercianas en estos reinos menores ya no darían lugar a la sumisión al dominio merciano. Así lo demuestran las monedas acuñadas a finales de la década de 820 en Anglia Oriental, que llevaban el nombre de su rey local en lugar del de un mercio. Aunque los reyes mercios siguieron concediendo cédulas reales a algunas de las instituciones religiosas de Anglia Oriental en las décadas siguientes, el alcance real de su poder e influencia era limitado en comparación con cien años antes.

A pesar de estas deficiencias, el reino de Mercia era un reino anglosajón fuerte a mediados del siglo IX. Ciertamente, las ambiciones de los reyes mercios nunca cesaron, como se aprecia en las renovadas invasiones de Gales para extender allí la influencia mercia, así como en los matrimonios reales con otros reinos anglosajones, como el celebrado entre el rey mercio Burgred y la princesa sajona occidental Æthelswith en 853. Sin embargo, Mercia no era más que una sombra de lo que había sido.

Mientras tanto, el reino de Wessex asumía lentamente su posición como nueva potencia potencial entre los anglosajones. Allí, el rey Ecgberht fundó una dinastía gobernante en 802. Con la petición de ayuda de Anglia Oriental contra Mercia, Wessex se preocupó más por extender su influencia en los reinos anglosajones, ya que principalmente había librado guerras en el oeste contra los celtas durante las dos primeras décadas del siglo IX. La victoria contra los mercios pareció cambiar las tornas a favor de Wessex.

El rey Ecgberht demostró ser un gobernante ambicioso. Tras su victoria, lanzó una ofensiva en Kent, destronando a un sub-rey nombrado por los mercios, lo que le dio el control virtual sobre los dominios anglosajones del sur. Después, en 829, según la *Crónica anglosajona*, Ecgberht hizo campaña contra el rey mercio Wiglaf, que no estaba emparentado con la línea real de los reyes mercios, y lo derrotó decisivamente.

La *Crónica* menciona que, unos años más tarde, los habitantes de Northumbria también se sometieron al rey sajón occidental en Dore, en la actual Sheffield, lo que otorgó al rey Ecgberht el título de *Bretwalda*, que se traduce aproximadamente como "superrey" de Britania o gobernante de "toda Britania". Este título sólo aparece en la *Crónica anglosajona* y es muy probable que sirviera para glorificar los logros del rey Ecgberht y su éxito en debilitar la supremacía mercia durante su reinado. Aunque es poco probable que Ecgberht gobernara toda Gran Bretaña, el uso del título sugiere que, no obstante, ostentaba un poder considerable en 830.

El reinado de Ecgberht sobre Mercia y Northumbria fue breve y no precisamente profundo. Esto se afirma a pesar de que se acuñaron monedas en nombre del rey Ecgberht como "Rey de los Mercios". Wiglaf regresó en 830 y recuperó el trono mercio, ya fuera por la fuerza o, más probablemente, mediante negociaciones con Ecgberht. Por otra parte, la sumisión del rey de Northumbria Eanred a Ecgberht en Dore parece haber sido voluntaria a cambio de tributo, aunque esto no se menciona en la *Crónica*. Lo que podemos deducir razonablemente es que Wessex se vería desbordada si intentara imponer su dominio sobre tierras tan vastas en el norte como Mercia y, especialmente, Northumbria.

En comparación, el señorío sajón occidental de Kent, Sussex y Essex fue mucho más expresivo. Estas zonas permanecieron bajo la influencia de Wessex incluso cuando las incursiones vikingas se intensificaron a lo largo del siglo IX. Gozaron de una gran seguridad, especialmente en comparación con Mercia y Northumbria, que se llevaron la peor parte de la invasión vikinga. El control estable de estas zonas estaba vinculado a otro factor crucial en la sucesión de los reyes sajones occidentales después de Ecgberht: la línea sucesoria era directa, culminando con el acceso del rey Alfredo el Grande y, finalmente, de su nieto Æthelstan, que se convirtió en el primer rey de los ingleses en 927. La cadena ininterrumpida de sucesión es un testimonio del grado de fortaleza del reino de Wessex en comparación con la más frágil Mercia.

Es interesante examinar otros factores políticos y sociales que proporcionaron estabilidad al emergente reino de Wessex, que pronto se convertiría en el más dominante de los reinos anglosajones. Una de las principales razones del éxito y la longevidad del dominio sajón occidental fue la coherencia de las estructuras políticas y administrativas del reino y la distribución de los cargos reales. Cabe destacar que los ealdormen del reino de Wessex eran funcionarios nombrados por la realeza que ejercían su autoridad en determinadas zonas. A diferencia de Mercia, donde las divisiones entre regiones administrativas parecen haber sido menos claras, las divisiones administrativas de Wessex eran mucho más coherentes. Estas unidades del reino de Wessex, ya fueran condados u otras divisiones, parecían haber sido introducidas por el gobierno central. Se centraban en zonas urbanas prominentes, más que en las antiguas zonas de vivienda de los pueblos locales, definidas de forma aproximada. Por ejemplo, la región de Dorset, administrada por un ealdorman nombrado por la realeza, se centraba en la ciudad de Dorchester.

La coherencia estructural del gobierno sajón occidental se sustentaba en una amplia gama de suboficinas con responsabilidades claramente definidas y organizadas de forma estrictamente jerárquica. El cargo de ministro, nombrado por la realeza, es un ejemplo destacado. Aunque los *ministri* estaban presentes con responsabilidades limitadas bajo el dominio mercio, parecían estar implicados en una amplia gama de asuntos durante la era de Wessex. Así lo demuestran sus frecuentes menciones en las cartas reales. Un ministro típico de Sajonia Occidental no tenía el mismo rango de poder que los ministros actuales. En su lugar, estos individuos ocupaban diferentes cargos, que iban desde la administración de los bienes reales hasta ser mayordomos o simples coperos del rey. A pesar de ello, estaban muy cerca del rey, algo que naturalmente se consideraba prestigioso. Alguien distinguido como ministro a los ojos del rey habría tenido la oportunidad de ascender en la jerarquía de los funcionarios reales, llegando incluso a alcanzar el rango de ealdorman y ostentando un poder considerable.

La sociedad anglosajona en el siglo IX

El declive del poder mercio también se vio acelerado por las cambiantes condiciones socioeconómicas de los reinos anglosajones a lo largo del siglo IX. Las pruebas arqueológicas sugieren una importante evolución económica al sur y al norte del Humber.

En Northumbria, por ejemplo, hay pruebas de que la moneda se fue degradando progresivamente, quizá una elección consciente de los reyes northumbrios para afectar a la economía del reino. A partir de mediados del siglo IX se encuentran cada vez más monedas northumbrias de metal común. Esto sugiere que la decisión estaba dirigida a facilitar la realización de transacciones sencillas entre plebeyos. Se han encontrado monedas northumbrias de este periodo en Anglia Oriental, por ejemplo, lo que sugiere que los lugareños preferían utilizar este tipo de monedas para las transacciones cotidianas.

En otros reinos anglosajones, sin embargo, el declive económico general estuvo marcado por una drástica reducción del volumen de moneda en circulación. Y aunque las pruebas que tenemos del uso de la moneda en este periodo son insuficientes para explicar el declive económico, el nivel cambiante de monedas en circulación sí sugiere un cambio en la naturaleza de su uso.

Las pruebas arqueológicas también revelan un declive general de las actividades sociales y económicas en los emporios anglosajones más destacadas. Parece que se construyeron pocos edificios nuevos en las zonas económicas más activas de estas ciudades a partir de finales del siglo VIII, lo que sugiere un parón en el crecimiento económico. También hay pruebas de un menor mantenimiento de estos centros, lo que se tradujo en un empeoramiento del estado de las infraestructuras.

Curiosamente, los emporios del siglo IX disminuyeron sus manufacturas en industrias como la textil, la fabricación de armas, la alfarería y la metalurgia. Algunos lugares de comercio, como Lundenwic, en la actual Londres, que había sido una comunidad con una bulliciosa vida social y económica durante la época de la supremacía mercia, entraron en un periodo de declive a finales del siglo VIII.

Además de una menor escala de actividades, este declive estuvo marcado por la reducción del tamaño de los emporios. La disminución del poder de los emporios también afectó negativamente a otros tipos de asentamientos que habían participado activamente en el sistema económico de los reinos anglosajones alrededor de un siglo antes.

Muchos pequeños puestos de comercio en tierra y depósitos productivos que conectaban las zonas rurales y los centros urbanos se estancaron o fueron totalmente abandonados.

La existencia de una amenaza externa es una posible explicación de este cambio en la actividad socioeconómica de los emporios anglosajones del siglo IX. Tal vez, el aumento de la actividad vikinga en este periodo obligó a los habitantes de estos ricos emplazamientos a volverse más conservadores, a retener sus bienes o incluso a deslocalizarse por completo. Existen pruebas de la actividad vikinga en los reinos anglosajones del sur. La *Crónica* describe el ataque vikingo de 842 a Londres, por ejemplo, como muy brutal, y Londres fue objetivo muchas veces de los invasores a mediados del siglo IX.

Esta hipótesis también puede verse respaldada por el descubrimiento de un foso construido en el norte de Lundenwic durante esta época. Es posible que el foso fuera una estructura defensiva para mantener a raya a los invasores. La mayor presencia de los vikingos en este periodo podría haber dificultado la llegada de mercaderes extranjeros, que temían la piratería vikinga y no se atrevían a cruzar el Canal de la Mancha. Las cartas reales que se remontan a los últimos años del reinado del rey Offa mencionan la necesidad de proteger las aguas de Kent y Sussex, por ejemplo, e incluso Carlomagno había decidido construir una flota para mantener a salvo de la piratería las costas septentrionales de su vasto imperio. Así pues, sabemos que la amenaza exterior existía desde hacía bastante tiempo.

Sin embargo, esta explicación es sólo parcial, ya que parece que el declive de los emporios de su otrora gran estatus ya había comenzado cuando los vikingos empezaron a visitar cada vez más las costas anglosajonas. Lo más probable es que también hubiera otras razones. Un cambio en las condiciones ambientales es otro factor que podría haber obligado a los habitantes de los lugares productivos a trasladarse a otros núcleos, por ejemplo. También hay pruebas de nuevos asentamientos que se convirtieron en imanes del crecimiento urbano a finales del siglo IX y principios del X. Estos asentamientos podrían haber evolucionado como rivales económicos de los emporios, que estaban tan interconectados y dependían tanto unos de otros que el declive de uno podría haber acelerado el declive de los demás.

Sin embargo, a pesar de esta tendencia general al declive, algunos emplazamientos urbanos siguieron floreciendo durante el siglo IX. El caso más notable es el de Canterbury, importante centro británico desde la época romana y sede real y arzobispal desde principios del siglo VII. Las evidencias arqueológicas y las cartas reales revelan el intrincado diseño urbano de la ciudad amurallada, con un alto nivel de mantenimiento de las infraestructuras e incluso normativas locales para la construcción de nuevos edificios: debían estar a cierta distancia unos de otros para permitir que el agua de lluvia se dispersara eficazmente. Canterbury era una ciudad densamente poblada en esta época, con múltiples burgages (parcelas de tierra arrendadas por la nobleza o el rey). Así, los habitantes de Canterbury disfrutaban de algunas de las propiedades de mayor calidad de todas las zonas urbanas anglosajonas.

La ciudad también tenía una vida bulliciosa llena de espacios públicos, como los mercados, así como cofradías y gremios, cada uno con un propósito y una estructura organizativa diferentes. Algunos de estos gremios se ocupaban del mantenimiento de las propiedades públicas y de la imagen de la ciudad, mientras que otros se centraban en servir a sectores específicos de la población de la ciudad, como los mercaderes o los trabajadores. Las factorías de la ciudad también se encontraban entre las más activas de todos los reinos anglosajones, y un elevado volumen de monedas de plata y oro sugiere la creciente riqueza de Canterbury. En definitiva, si tenemos en cuenta la desaparición de los emporios durante este periodo, el poderío económico de Canterbury parece mucho más imponente.

En la Iglesia también se estaban produciendo importantes avances. La Iglesia había acumulado mucha riqueza material gracias a las donaciones de sus primeros mecenas y a las condiciones sociales que habían permitido a las instituciones religiosas prosperar, al menos económicamente. A finales del siglo IX, sin embargo, la Iglesia anglosajona parece haber entrado en una crisis de aprendizaje, marcada por una disminución de la actividad y la capacidad intelectuales. Esta constituye la segunda característica de la sociedad anglosajona posterior a la Edad Media.

Vida del rey Alfredo, elaborada por un biógrafo galés del posterior rey sajón occidental, describe que la tradición intelectual que garantizaba la búsqueda del conocimiento había desaparecido cuando Alfredo se convirtió en rey. El latín se había convertido en una lengua que ni siquiera el propio clero podía entender correctamente, y mucho menos hablar libremente y traducir a la lengua vernácula inglesa. El conocimiento de este hecho estaba muy extendido, y al desprestigio de la Iglesia anglosajona aludían incluso obispos extranjeros, que criticaban la falta de aspectos importantes de la vida eclesiástica como los sínodos regulares, entre otras deficiencias.

En resumen, los analistas contemporáneos aluden al hecho de que, a pesar de la existencia de muchas instituciones religiosas ricas, rara vez seguían una vida monástica cristiana estricta y disciplinada. Las pruebas arqueológicas apoyan las fuentes escritas: sólo se ha descubierto un puñado de manuscritos producidos a mediados del siglo IX. En las cartas reales y legales, los historiadores han identificado el empeoramiento de la calidad de la lengua y la escritura latinas. Hay pruebas de una menor actividad en los scriptoriums de diferentes monasterios, incluido el de Christ Church en Canterbury.

Además, el creciente número de documentos reales producidos en lengua vernácula también sugiere la sustitución gradual del latín por el inglés antiguo. Esto es interesante si se tiene en cuenta el auge de las actividades sociales y económicas en Canterbury. Una vez más, el declive del latín en Canterbury entre mediados y finales del siglo IX puede explicarse por la creciente amenaza vikinga, que había obligado a mucha gente a buscar refugio dentro de la bien fortificada ciudad amurallada. Este crecimiento urbano puede haber aumentado drásticamente la predominancia del inglés antiguo y causado un declive recíproco en el uso del latín.

La situación podría haber sido menos grave en los dominios anglosajones occidentales, como Wessex o los Midlands Occidentales de Mercia, donde la tradición de aprendizaje y dominio del latín mantuvo altos niveles durante la mitad del siglo IX. Esto se debió quizás a las influencias continentales presentes en estas zonas. Por ejemplo, el rey Æthelwulf de Wessex tuvo en su corte a un escriba extranjero procedente de Francia, y los documentos producidos durante su reinado muestran un dominio del latín de alto nivel. Aun así, la situación era lo suficientemente mala como para que el rey Alfredo previera un renacimiento del saber y del monacato en su reino cuando se convirtiera en rey.

La Gran Armada pagana

La *Crónica anglosajona* no menciona que se produjeran ataques vikingos a los reinos anglosajones desde finales del siglo VIII hasta mediados del siglo IX. De hecho, la *Crónica* no dice nada de la actividad vikinga entre 795 (dos años después del ataque a Lindisfarne) y

835, fecha de su relato de la incursión vikinga en Sheppey, en el sur de Inglaterra. Durante la siguiente década y media, las incursiones vikingas fueron en general de menor envergadura, con una fuerza de treinta a cuarenta barcos cada una, en el mejor de los casos. La *Crónica* registra batallas a lo largo de los años 830 y 840 en Southampton, Hingston Down y el río Parret, por ejemplo, aportando pocos detalles nuevos sobre los vikingos o las batallas en sí.

Es en la invasión de 851 cuando se describe a los vikingos con una fuerza considerablemente mayor, de unos 350 barcos. Esta invasión, dirigida contra Canterbury y Londres, parece ser la mayor incursión vikinga registrada, y su magnitud puede confirmarse por las descripciones de ataques vikingos en otras fuentes contemporáneas. Los francos, por ejemplo, cuyas costas estaban igualmente expuestas a la actividad vikinga, registraron en la década de 840 que las incursiones vikingas contenían cientos de barcos.

La naturaleza de la actividad vikinga también parece haber cambiado en esta época. Tras su ataque en 851, los vikingos no volvieron a casa en invierno y permanecieron en Thanet, aterrorizando a la población local durante unos meses antes de decidirse a zarpar. Fuentes escritas afirman que otras bandas vikingas habían actuado de forma similar en Irlanda, donde los vikingos se habían convertido en visitantes frecuentes por la misma época.

A pesar de la creciente magnitud de los ataques vikingos año tras año, los anglosajones resistieron a los extranjeros con gran éxito. La *Crónica* (que recordemos es una fuente recopilada en una corte sajona occidental) registra que los reyes de Wessex derrotaron a los invasores en múltiples ocasiones. Por ejemplo, el rey Æthelwulf de Wessex repelió la invasión del 851, acompañado de su hijo, Æthelbald.

Al parecer, los vikingos atacarían una zona costera de Inglaterra y procederían a desbordar las defensas locales durante un tiempo, pero la respuesta de los ejércitos anglosajones sería oportuna, obligando finalmente a los vikingos a retirarse. Por la forma en que la *Crónica* habla de los vikingos durante la primera mitad del siglo IX, podemos deducir que los consideraba una amenaza recurrente que, sin embargo, podía ser contenida.

Una nueva era de invasiones vikingas comenzó en 865 con la llegada de lo que la *Crónica anglosajona* denomina el "Gran Ejército pagano", un ejército compuesto por una confederación de vikingos daneses, suecos y noruegos. Aunque el tamaño exacto de este ejército no está claro, probablemente no contenía más de unos pocos miles de asaltantes, la mayoría de ellos guerreros experimentados.

El Gran Ejército pagano desembarcó en Anglia Oriental, superó las defensas y arrasó la campiña anglosajona hacia el norte, llegando a York en 866. Para horror de los anglosajones, el ejército fue reforzado más tarde por otra fuerza, aumentando drásticamente el peligro que suponían para los lugareños.

Lo que diferenció al Gran Ejército pagano de las incursiones vikingas anteriores fue que desde el principio se propuso conquistar y ocupar las tierras anglosajonas en lugar de limitarse a saquear e incursionar. Unos objetivos tan claramente definidos hicieron posible la cooperación entre los distintos grupos vikingos del ejército. En general, era una práctica común que las diferentes bandas de guerra vikingas se unieran para realizar incursiones, repartirse el botín y separarse una vez finalizados sus ataques. De hecho, lograr una fuerza de este tamaño, digna de ser considerada "grande", sin duda sugiere que, a pesar de los diferentes grupos vikingos dentro del ejército, éste seguía siendo muy eficiente y exitoso.

Tampoco está claro quién estaba exactamente al mando del Gran Ejército pagano. Según la leyenda, estaba dirigido por los tres hijos del legendario vikingo Ragnar Lodbrok, uno de los líderes vikingos más destacados de la Era Vikinga hasta ese momento. La leyenda cuenta que los hijos de Ragnar (Ivar el Deshuesado, Halfdan Ragnarsson y Ubba) habían unido sus fuerzas para vengar la muerte de su padre a manos del rey Ælla de Northumbria, que había capturado y ejecutado a Ragnar durante una incursión anterior en su territorio. Las fuentes nórdicas que mencionan la invasión también describen a Ragnar como una figura medio mítica y pionera de la expansión y exploración vikingas, por lo que no deben considerarse históricamente exactas. No obstante, el hecho de que el Gran Ejército pagano estuviera compuesto por destacadas figuras vikingas, cada una al frente de su banda, sirve para subrayar su carácter único.

Tras desembarcar en Anglia Oriental, los vikingos hicieron las paces con la población local, que les proporcionó provisiones y caballos mientras se dirigían al norte, hacia York. La *Crónica* menciona que el reino de Northumbria era un objetivo prioritario para los vikingos debido al caos político de su crisis sucesoria. En aquel momento, la corona se disputaba entre el rey Ælla y su hermano Osberht. Si además tenemos en cuenta la afirmación de las fuentes nórdicas de que los hijos de Ragnar habían deseado vengar la muerte de su padre, está claro que los vikingos planearon atacar Northumbria desde el principio y habrían sabido de las dificultades a las que se enfrentaba el reino.

A finales de 866, los vikingos habían derrotado con contundencia a los habitantes de Northumbria, matando a Ælla y a Osberht en la batalla y estableciéndose en York. Durante los meses siguientes, siguieron asolando la campiña de Northumbria, imponiendo su dominio a la población local y obligándola a pagar *danegeld* (diferentes tipos de tributo que los lugareños pagaban a los vikingos a cambio de paz, protección o para disuadir sus futuros ataques). Aunque el término no se utilizó hasta siglos posteriores, algunos anglosajones, incluidos los habitantes de Northumbria, ya habían estado pagando tributo a los vikingos cuando el Gran Ejército pagano desembarcó en Inglaterra.

Después de Northumbria, el siguiente objetivo de los vikingos era el reino de Mercia, el mayor reino anglosajón al sur del río Humber, que poseía miles de acres de valiosas tierras de cultivo que estaban maduras para el pillaje. Los vikingos permanecieron en Nottingham durante el invierno de 867-868, donde un ejército combinado de mercios y sajones occidentales intentó detenerlos. Sin embargo, a pesar del esfuerzo conjunto, los vikingos volvieron a contener a los anglosajones. Es probable que, tras la batalla de Nottingham, los vikingos negociaran un acuerdo de paz con los mercios, probablemente a cambio de tributos, y dejaran el reino en paz durante unos años.

La *Crónica* señala que el Gran Ejército pagano permaneció en Northumbria durante todo el invierno, pero se volvió hacia el sur y atacó Anglia Oriental en 869. Allí se instalaron en la ciudad de Thetford, donde el rey Edmund de Anglia Oriental los atacó. Los vikingos resistieron durante todo el invierno y salieron victoriosos de la batalla contra Edmund, matando al rey.

Anglia Oriental es el primer reino anglosajón de *la Crónica* del que se dice que fue conquistado totalmente por los vikingos un año después de su ataque inicial, en el invierno de 869. El hecho de que Anglia Oriental fuera pequeña y uno de los reinos anglosajones más ricos de la época, podría haber motivado a los vikingos a hacerse rápidamente con su control total. La *Crónica* lamenta la perdición del reino a manos de los vikingos, un sentimiento que parece coincidir con la actitud pública de la época. Edmund pronto sería venerado como un mártir, muerto a manos de los despiadados paganos.

La actividad vikinga se reanudó en la segunda parte del año 871, cuando nuevas bandas de vikingos llegaron de Escandinavia como refuerzo. Se unieron a la fuerza principal en Northumbria y lanzaron otro ataque contra Mercia. Esta vez, los vikingos atacaron lugares más al sur, llegando a ciudades como Londres y Lincolnshire en 872. En la medida de lo posible, trataron de evitar la confrontación con el ejército mercio, optando por pasar el invierno en zonas donde pudieran mantenerse únicamente mediante incursiones.

Este saqueo constante afectó enormemente a la estabilidad social y económica de Mercia. Los granjeros y ciudadanos mercios vivían en constante temor a los vikingos y no podían acceder adecuadamente a las tierras de cultivo de la campiña. Los vikingos también amenazaron algunos de los centros culturales de Mercia, como la iglesia de San Wystan en Repton, un lugar de gran importancia material y espiritual para los reyes mercios. En ella se encontraba el mausoleo real de los mercios, y su ubicación estratégica permitía a los vikingos ejercer un firme control sobre el corazón de Mercia. Los vikingos fortificaron su posición en Repton, y las pruebas arqueológicas sugieren que construyeron fosos defensivos y permanecieron en la ciudad durante mucho tiempo, llegando incluso a enterrar allí a sus muertos.

La *Crónica* menciona que, durante este periodo, los vikingos obligaron a exiliarse al rey Burgred de Mercia. El año 874 se considera el último de su reinado. Burgred viajó a Roma, probablemente en peregrinación, y allí murió y fue enterrado. En su lugar, los vikingos instalaron a un rey títere llamado Ceolwulf II, con quien mantuvieron una estrecha relación. Según la *Crónica*, Ceolwulf era un rey "imprudente" que había hecho un "juramento de lealtad" a los vikingos. Aunque la *Crónica* es una fuente sesgada, el destronamiento de Burgred en favor de Ceolwulf indica la influencia que los invasores tenían en el trono mercio. A pesar de ello, es poco probable que Ceolwulf fuera considerado un rey totalmente ilegítimo, ya que siguió emitiendo cartas reales durante los cinco años que gobernó, y la nobleza y el clero que también habían servido bajo Burgred a menudo actuaban como testigos de sus concesiones reales.

Así pues, a pesar de que los vikingos instalaron a un rey de su agrado, sería exagerado decir que también colocaron a los suyos en posiciones de poder en la corte mercia. Parece más probable que Mercia se encontrara en un estado de grave desorden y que las élites locales no pudieran o no quisieran resistirse a los vikingos mientras mantuvieran sus posiciones de poder.

En su *Vida del rey Alfredo*, Asser señala que el Gran Ejército pagano se dividió poco después de la conquista de Mercia. Una parte del ejército regresó al norte, a Northumbria, y desde allí lanzó una invasión contra los pictos en Escocia. La otra parte permaneció en los reinos anglosajones, moviéndose de un lugar a otro para mantener un fuerte control sobre los territorios conquistados. Parece que los vikingos se contentaron con haber desestabilizado a los anglosajones lo suficiente como para dificultar una resistencia unida; aun así, disfrutaron del botín que les proporcionaban las constantes incursiones en sus tierras.

Uno de los reinos a los que los vikingos intentaron someter en repetidas ocasiones fue el reino de Wessex, que, en 877, había hecho un trabajo relativamente bueno manteniendo a los vikingos a distancia. El Gran Ejército pagano había asaltado los territorios de Sajonia Occidental en varias ocasiones desde su llegada en 865, pero las respuestas de los reyes de Wessex no se hicieron esperar.

A lo largo de los primeros años de la década de 870, los reyes de Sajonia Occidental, Æthelred y Alfredo, se vieron obligados a firmar la paz con los vikingos tras sufrir varias derrotas a manos de éstos, primero en Reading y Basing en enero, y más tarde en Wilton en abril. Estas derrotas obligaron a los sajones occidentales a replantearse sus estrategias, y el rey Alfredo llegó finalmente a un acuerdo con los invasores a finales de 871. También se trasladó más al sur, a Winchester, y procedió a formar una nueva fuerza para expulsar a los paganos de Inglaterra. Alfredo se vio obligado a firmar la paz con los vikingos cinco años después, cuando los invasores regresaron tras haber conquistado Mercia. Se vio obligado a ceder más tierras en los territorios septentrionales, y los vikingos se hicieron esencialmente con el control de gran parte de los territorios septentrionales, centrales y orientales de Gran Bretaña.

Alfredo el Grande

En 877, el Gran Ejército pagano había derrotado a los reinos anglosajones de Anglia Oriental, Northumbria y Mercia. Los vikingos se habían establecido cómodamente en estas tierras, donde cualquier vestigio de liderazgo político había menguado a lo largo de la década de

870. Los invasores habían instalado con éxito a un rey títere sobre la mitad occidental de Mercia, mientras que poseían las ricas Midlands y los territorios orientales, incluido Londres. Sólo el reino de Wessex seguía siendo un rival anglosajón válido para los vikingos, y los reyes sajones occidentales nunca habían conseguido luchar contra los vikingos en sus términos.

Como hemos mencionado antes, una estrategia vikinga destacada consistía en asaltar rápidamente una ciudad mal defendida, donde organizarían sus defensas. Obligarían a los ejércitos reales a acercarse para negociar e intentarían extorsionar todo lo posible. Si el rey se negaba a negociar, los vikingos saqueaban el campo hasta diezmar a la población local para forzar la mano del rey o simplemente se trasladaban a otra ciudad de ese tipo y repetían el proceso. Los dos reyes de Wessex de este periodo, Æthelred y Alfredo, habían sido víctimas de esta estrategia vikinga. Habían sido incapaces de coger a los vikingos con la guardia baja, ya que éstos sencillamente no aceptarían una batalla que les fuera desfavorable.

En 876, la parte del ejército vikingo que se encontraba al sur del Humber procedió a tomar así el control de Wareham, en la parte más meridional de Wessex, en el Canal de la Mancha. Allí llegaron a un acuerdo con Wessex sobre el intercambio de rehenes y el mantenimiento de la paz, pero rápidamente rompieron el acuerdo y se trasladaron a Exeter. Después de esto, los vikingos regresaron a Mercia, donde, como hemos mencionado, dividieron esencialmente el reino en dos antes de volver a Wessex.

En enero de 878, los vikingos atacaron por sorpresa la fortaleza real de Chippenham. También aquí arrollaron a los sajones occidentales, obligando a Alfredo a huir con un pequeño grupo de seguidores más al norte, a Somerset, refugiándose en la remota aldea de Athelney. En los pantanos de Somerset, estableció sus fortificaciones y planeó tomar represalias. Desde esta remota zona, Alfredo comenzó a montar una verdadera resistencia a la invasión vikinga. La *Crónica Anglosajona* menciona que solo, contra todo pronóstico, el rey empezó a reclutar milicias locales de Somerset, Wiltshire y Hampshire durante el mes de mayo de 878.

A finales de mayo de 878, el rey Alfredo y sus tropas estaban listos para atacar. El rey decidió no llevar la lucha directamente a Chippenham, donde los vikingos, liderados por su caudillo Guthrum, se habían fortificado. En su lugar, mientras reunía a sus reclutas, Alfredo atrajo a los vikingos y se enfrentó en la decisiva batalla de Edington con unos pocos miles de hombres. La *Crónica* no menciona los detalles de la batalla, pero terminó con una victoria sajona occidental, con los vikingos masacrados en el campo de batalla. Alfredo persiguió a los vikingos hasta la fortaleza y la sitió, cortando las líneas de suministro y obligando a los vikingos a rendirse dos semanas después.

Como parte del acuerdo de paz, Guthrum se convirtió al cristianismo y los vikingos juraron abandonar las tierras de Sajonia Occidental. Finalmente, Guthrum y algunos de sus hombres se bautizaron, y el líder vikingo y el rey Alfredo de Wessex acordaron un tratado que fijaba las fronteras entre los reinos vikingos recién conquistados en el centro, norte y este de Inglaterra y las zonas bajo el liderazgo de Wessex en el sur.

Alfredo no tuvo que volver a enfrentarse a los vikingos hasta la década de 890, cuando un ejército diferente asaltó las zonas cercanas a Fulham. Esta vez, sin embargo, Alfredo derrotó rápidamente a los invasores y los expulsó "por la gracia de Dios". Así, a finales del siglo IX, la gran invasión vikinga de la Inglaterra anglosajona había terminado.

El rey Alfredo no sólo es una de las figuras anglosajonas más centrales, sino también uno de los personajes más célebres de la Europa medieval temprana. En la cultura popular, su imagen es la del vencedor de los vikingos y el "salvador" de Inglaterra. Alfredo fue, de hecho, el líder anglosajón que asestó el golpe decisivo al Gran Ejército pagano. Gracias a sus esfuerzos, los vikingos fueron expulsados tras más de una década de arrasar las tierras anglosajonas. Aun así, quizá sea engañoso pensar en Alfredo como la persona que derrotó a "los" vikingos, ya que éstos lanzarían muchas más invasiones a los reinos anglosajones en décadas posteriores.

Podría decirse que el rey Alfredo tampoco fue la persona que "salvó" a Inglaterra. Esto se debe simplemente a que en aquella época no existía una "Inglaterra" unida a la que salvar de una invasión extranjera. Las acciones del rey Alfredo se dirigieron principalmente a defender su propio reino de Wessex, y no liberó las tierras inglesas que habían estado bajo la influencia vikinga desde finales del siglo IX. Incluso el acuerdo final al que llegó con Guthrum establecía que Alfredo reconocería mutuamente el dominio vikingo en estas tierras, que con el tiempo se conocerían como Danelaw ("la tierra con las leyes danesas").

Sin embargo, al rey Alfredo no se le conoce como "el Grande" porque sí. Aunque no derrotó decisivamente a los vikingos ni "salvó" a Inglaterra, fue el rey que sentó las bases para crear un reino unido a partir de los reinos anglosajones. De hecho, se puede argumentar que las mayores contribuciones del rey Alfredo se produjeron después de su victoria en Edington, es decir, los pasos que dio en la construcción de la nación que dio lugar a un Reino unido de Inglaterra unas generaciones más tarde. Así pues, es igualmente crucial examinar la naturaleza del reinado de Alfredo después de la victoria de Edington para ver realmente la magnificencia que le hizo merecedor de un título digno.

Mapa de Gran Bretaña en el 886⁸

El rey Alfredo es el rey anglosajón del que más sabemos, con un amplio margen. Se produjeron muchos documentos de gran calidad durante su reinado o sobre su reinado, como la *Vida del rey Alfredo* y la *Crónica anglosajona*, que nos proporcionan valiosos datos sobre su vida.

Y, aunque faltan cartas reales contemporáneas emitidas en nombre de Alfredo, esto se compensa por el hecho de que Alfredo compuso un código de leyes por primera vez entre los anglosajones en más de cien años. Además, durante el reinado de Alfredo se produjeron muchos otros libros traducidos. Estos fueron compuestos por miembros de la corte de Alfredo, figuras religiosas bajo el patrocinio de Alfredo o, en raros casos, por el propio Alfredo. El propio rey adaptó varios textos del latín al inglés antiguo, como los *Soliloquios* de San Agustín, un texto que sigue siendo fundamental para la filosofía cristiana actual.

El hecho de que hayan sobrevivido tantos textos escritos relacionados directamente con el rey señala diferentes aspectos del reinado de Alfredo. La primera ventaja es que es posible reconstruir el reinado de Alfredo con gran exactitud con la ayuda de tantas fuentes. Esto incluye representaciones de la personalidad y el carácter de Alfredo, lo que nos permite conocer mejor su vida y las decisiones que tomó.

La supervivencia de estos textos también indica que Alfredo cuidó mucho su imagen pública como rey cristiano que promovía el aprendizaje y alentaba la producción de nuevos conocimientos entre sus súbditos. Como hemos dicho, esto le habría dado más autoridad a los ojos del público. Como los reyes anglosajones estaban siendo derrotados por los vikingos, Alfredo necesitaba todo el apoyo posible de sus súbditos presentándose como un rey fuerte. Su nuevo códice legislativo es un logro significativo en este sentido, ya que trata de legitimar su gobierno mediante un texto escrito y forzar la profunda transformación de la sociedad sajona occidental (o anglosajona).

La producción de un volumen tan grande de textos también sugiere que Alfredo buscaba ser representado como la antítesis de los vikingos paganos, que eran el principal adversario de su época. La gente prefería ponerse del lado de un rey como Alfredo que, a diferencia de los vikingos, promovía el aprendizaje y la escritura. Fueran cuales fueran las razones, Alfredo era sin duda un monarca que se preocupaba por su imagen pública y actuaba para reforzarla como podía.

Carlomagno había sido el pionero en tal transformación de la naturaleza de la realeza cien años antes, y sus sucesores habían seguido asumiendo y reforzando esta nueva concepción. El emperador franco pudo haber sido la principal inspiración del rey Alfredo, sobre todo si tenemos en cuenta que necesitaba legitimar su reinado.

Otra razón por la que el rey Alfredo surgió como ejemplo de cómo debía ser un rey procedía de las dificultades de sucesión que habían asolado el trono de Wessex desde mediados del siglo IX. De hecho, desde el principio era poco probable que Alfredo llegara a ser rey, ya que era el menor de los cuatro hijos del rey Æthelwulf. Wessex se había sumido en una crisis sucesoria cuando el príncipe Æthelbald había asumido la autoridad en 856 después de que su padre, el rey Æthelwulf, se hubiera ido de peregrinación. Como resultado, el reino había estado dividido durante muchos años, y los tres hermanos de Alfredo se habían alzado como reyes. Wessex necesitaba estabilidad y un rey fuerte, y Alfredo podría haber sido la clave.

También es muy interesante examinar los primeros años de Alfredo antes de convertirse en rey, ya que pueden aportar valiosos datos sobre la formación de la mente y el modo de vida del futuro gobernante. Algunos historiadores han sugerido que la educación de Alfredo podría haber desempeñado un papel importante en su religiosidad y su amor por el aprendizaje. Al ser el hijo menor, era de esperar que en el futuro ejerciera una carrera clerical, algo muy común en las familias medievales, en las que el hijo mayor solía heredar las posesiones familiares. La biografía de Alfredo menciona que el rey se interesó por la vida religiosa desde muy joven y siempre asistía a diversas ceremonias, como los sermones diarios y semanales.

Desde muy joven, la personalidad del futuro rey ya estaba orientada a dedicarse a actividades que normalmente descuidaba la nobleza. En el fondo, las élites anglosajonas eran descendientes de antiguos jefes guerreros y de una sociedad que valoraba la violencia y el sexo como virtudes primordiales. Según la biografía, Alfredo luchó con esta dicotomía de la vida cristiana por un lado y un impulso más primario de gloria (que incluía el pecado) por otro. En sus últimos escritos, Alfredo afirmó que había sido tentado durante su juventud por varios pecados diferentes, señalando que perseverar había sido muy difícil. Subrayó la dificultad de mantener un sano equilibrio entre los impulsos primarios del cuerpo y las iniciativas más virtuosas de la mente. Una lectura profunda de las luchas de Alfredo lo identifica no sólo como un hombre cristiano que se esforzaba por ser ideal, sino también como un hombre recto y estoico que intentaba guiar su camino con la moral.

Curiosamente, el joven Alfredo había visitado Roma con su hermano Æthelred en el año 853, enviados por su padre, el rey Æthelwulf. La *Crónica* menciona que Alfredo fue bendecido como futuro rey por el papa León IV, y la historia de su encuentro se confirma en otras fuentes escritas. Sin embargo, la *Crónica* probablemente exagera cuando afirma que el papa bendijo específicamente a Alfredo como futuro rey. Las cartas papales al rey Æthelwulf mencionan a Alfredo como un "hijo espiritual" del papa que fue tratado como un auténtico "cónsul romano", condecorado con lujosas vestimentas y accesorios.

No obstante, este encuentro obviamente habría ayudado a impulsar la estrategia de Alfredo para presentarse como un rey legítimo y cristiano durante la caótica situación política de Wessex en la segunda mitad del siglo IX. La visita de Alfredo a Roma es, por tanto, significativa teniendo en cuenta sus futuras pretensiones y su comportamiento. También proporciona información sobre las primeras influencias en el joven Alfredo, ya que la confirmación de la realeza por el papa era una práctica carolingia profundamente franca.

Sea como fuere, la educación y los primeros años de vida de Alfredo desempeñaron un papel muy importante en la formación de su carácter, que se manifestó en las políticas que promovió a lo largo de su reinado. Un ejemplo de ello es su amor por el aprendizaje y su creencia en que la educación era la solución a largo plazo para los problemas de Wessex. Alfredo reconoció que la educación y la alfabetización, junto con la verdadera tradición monástica, habían decaído de forma generalizada en los reinos anglosajones, como hemos señalado anteriormente. Así, para invertir esta tendencia, Alfredo decidió reclutar a distinguidos eruditos y monjes para su corte. Asser, su biógrafo de Gales, fue uno de ellos.

Alfredo reconoció que, a pesar de la importancia del latín como lengua principal de aprendizaje en la Europa de la época, su dominio en tierras anglosajonas era muy bajo. Por ello, dirigió sus reformas a hacer más fácil, además de necesario, el estudio y la comprensión del latín por parte de los seglares. Las traducciones de muchos textos importantes del latín al inglés antiguo sirvieron a este propósito.

Alfredo creía que la sabiduría, la curiosidad y el conocimiento eran ideales que debían ser perseguidos por todos los individuos, incluida la nobleza, que había descuidado en gran medida la educación a cambio de dedicarse a la guerra, por ejemplo. Creía que había ciertas cosas que todos los hombres debían saber, y así se lo hizo saber a la nobleza.

El rey utilizó diferentes tácticas para fomentar la educación entre las élites sajonas occidentales, amenazándolas incluso con destituirlas de sus posiciones privilegiadas si no accedían a sus exigencias. Esto no quiere decir que descuidara todos los demás aspectos de la vida de los nobles, como su destreza militar y sus conocimientos de la guerra. Veremos más adelante que el propio Alfredo aprobó reformas militares vitales. Por el contrario, quería en su corte a personas con conocimientos porque creía que eso le permitiría tomar mejores decisiones en todos los campos, incluida la guerra. En su opinión, la Corona no necesitaba sirvientes incultos y analfabetos. Seguramente, en pocas décadas, una corte instruida se convertiría en un elemento básico de las monarquías de toda Europa.

No hay mejor ejemplo de las contribuciones de Alfredo a la realeza cristiana que su código legal. Sirvió como amalgama de tres códigos legales anteriores a su época: el del rey Æthelbert de Kent, el del rey Ine de Wessex y el del rey Offa de Mercia. De estos documentos anteriores, Alfredo tomó las leyes que consideraba más importantes y que necesitaban ser repetidas o aclaradas. En sentido estricto, hay poco material legal adicional en el código de Alfredo, pero lo que no le falta son matices cristianos y mosaicos.

Esto es especialmente evidente en el prólogo, donde parece que Alfredo resumió la esencia de las tradiciones jurídicas de las religiones abrahámicas. Ofrecer una visión general de la legislación cristiana al principio del libro sugiere en gran medida que Alfredo veía su código como una continuación de la tradición, como una parte esencial de lo que representaba el cristianismo. Así, el código legal de Alfredo el Grande sirve como ejemplo principal de un rey anglosajón que enfatiza los elementos de la realeza cristiana. Aunque muchos habían intentado imponer este concepto, pocos lo habían conseguido al nivel de Alfredo.

Las reformas de Alfredo no se limitaron a los aspectos sociales y culturales de la vida de los sajones occidentales a finales del siglo IX. Sus reformas económicas y militares fueron igualmente vitales para hacer de Wessex el nuevo reino anglosajón más dominante de Gran Bretaña. Estas reformas también deben considerarse en relación con el contexto político: Alfredo sabía que su reino estaba en peligro a causa del Gran Ejército pagano, y muchos de los cambios estaban dirigidos a combatir los desafíos inmediatos que los vikingos planteaban a la seguridad y fortaleza de Wessex.

Su reforma monetaria se llevó a cabo en 875, tres años antes de derrotar a los vikingos en Edington. La nueva moneda sajona occidental, acuñada en nombre de Alfredo en todo el "gran Wessex", incluido Londres, tenía un peso fijo y un nuevo diseño con influencias romanas clásicas. Lo más impresionante es que la reforma de la acuñación se llevó a cabo con el rey Ceolwulf de Mercia, y parece que Alfredo era percibido como el rey "mayor" en esta relación. Muchas monedas llevan su nombre con el título de *Rex Anglorum* "Rey de los anglos", o quizás "Rey de los ingleses", mientras que Ceolwulf es mencionado simplemente como *rex*.

El hecho de que estas monedas se acuñaran en territorios no tradicionalmente sajones occidentales, como Londres, sugiere la creciente influencia de Wessex sobre sus vecinos a mediados de la década de 870. Un sistema monetario compartido fue clave para la integración económica y social de Mercia y Wessex, proporcionando una gran base para una eventual unión política entre los dos reinos. La reforma fue muy posiblemente el intento consciente de Alfredo de expandir su noción de realeza universal entre los anglosajones. Imponer tal influencia en el otrora gran estado de Mercia, ahora desgarrado por la guerra y salvado por los vikingos, fue el primer paso para afirmar el nuevo dominio de Wessex.

Alfredo ganaría más influencia después de la muerte del rey Ceolwulf de Mercia, que fue sucedido por un ealdorman llamado Æthelred a finales de la década de 870. Æthelred gobernó la parte occidental de Mercia que aún estaba bajo control anglosajón, pero nunca disfrutó del título de "rey", sino que reconoció el señorío del rey Alfredo. Parece que los dos líderes tenían un entendimiento mutuo, algo que se aprecia mejor después de que Æthelred se casara con la hija de Alfredo a finales de la década de 880. Æthelred aceptó a Alfredo como figura política superior en parte porque los vikingos habían debilitado la posición mercia y en parte por los esfuerzos conscientes de Alfredo para transformar la relación política existente.

Además de las medidas que alteraron la economía anglosajona acelerando la integración entre Mercia y Wessex, Alfredo tomó medidas para reformar significativamente el ejército anglosajón. Estos cambios se llevaron a cabo ante la inminente amenaza vikinga, que había detectado claras deficiencias en las estrategias anglosajonas.

Como hemos mencionado, la principal táctica de las fuerzas vikingas era evitar la confrontación directa con los ejércitos anglosajones. A menudo, ambas partes negociaban la retirada pacífica de los vikingos a cambio de una suma de dinero o tributo, pero los vikingos solían romper estos acuerdos y lanzar incursiones en otros lugares. Así pues, más que su habilidad y ferocidad en la guerra, fue la adopción de tácticas inteligentes y el conocimiento de las debilidades de su enemigo (en este caso, la incapacidad de los reyes anglosajones para reunir rápidamente ejércitos) lo que dio al Gran Ejército pagano una gran ventaja. No se debió tanto a una discrepancia en la calidad del ejército, ya que los ejércitos anglosajones podían derrotar a los vikingos cuando los interceptaban y forzaban una batalla abierta.

Reconociendo este problema, Alfredo decidió dividir su ejército en dos partes, creando una fuerza permanente que pudiera movilizarse mucho más rápidamente. La otra mitad del ejército original permanecía en sus hogares y no estaba en servicio activo, pero podía ser movilizada si los vikingos atacaban su residencia o zonas cercanas. Si estos focos de resistencia local lograban detener a los vikingos, el ejército permanente podía prestar apoyo rápidamente y asegurar la victoria anglosajona.

Una vez que los soldados de la fuerza permanente habían servido durante cierto tiempo, eran reemplazados por soldados que se habían quedado en casa. Esta medida garantizaba no sólo una respuesta rápida a los ataques vikingos descentralizados, sino también que los soldados estuvieran siempre frescos y listos para la batalla. Aunque los problemas de comunicación dificultaban la coordinación del relevo del ejército permanente, las fuerzas sajonas occidentales acabaron adaptándose al nuevo sistema.

La última reforma importante que llevó a cabo Alfredo a finales de la década de 870 fue el establecimiento de una red de fortificaciones defensivas, conocidas como burgos, en lugares estratégicos de todo Wessex. La construcción de fortificaciones defensivas no era nada nuevo para Britania, ya que se había iniciado en la época de los romanos. De hecho, algunos de los burgos de Alfredo se basaban en estas estructuras más antiguas, mientras que otros se colocaron en zonas previamente desatendidas. El objetivo era cubrir eficazmente todos los dominios de Alfredo y disuadir ataques vikingos concentrados en el futuro. Muchas fortificaciones se construyeron en los caminos reales o en lugares convenientes de los ríos para asegurarse de que restringían el libre movimiento vikingo.

Con el tiempo, los burgos crecieron y transformaron las zonas que los rodeaban con nuevos asentamientos. En pocos siglos, muchos de ellos se convertirían en ciudades de pleno derecho con industrias especializadas y carácter propio, mientras que otros conservaron una importancia puramente estratégica. Esta reforma también se enfrentó a muchas dificultades. La más obvia eran los costes de construcción y mantenimiento. Un documento posterior titulado *Burghal Hidage* menciona que se necesitaban decenas de miles de hombres para mantener el sistema en funcionamiento. Las pruebas también sugieren que Alfredo no terminó la construcción de varios burgos. Teniendo en cuenta estos retos, resulta aún más impresionante que el sistema de burgos construido por Alfredo perseverara en el tiempo, siendo ampliado por futuros reyes sajones occidentales.

Con todo, el rey Alfredo el Grande de Wessex sigue siendo una de las figuras más centrales de la historia anglosajona. Se erigió en líder contra la invasión vikinga y salvó lo que quedaba de los reinos anglosajones al sur del Humber. Sus contribuciones a la resistencia anglosajona contra el Gran Ejército pagano son sin duda dignas de elogio, al igual que su política como rey. Son aún más impresionantes si tenemos en cuenta que Alfredo actuaba principalmente para preservar y proteger su propio reino. Sin embargo, sus decisiones posteriores sugieren que Alfredo tenía una visión del futuro de la realeza anglosajona, un futuro que creía que pasaba por la integración, con Wessex a la cabeza. De hecho, sólo dos generaciones más tarde, el nieto de Alfredo, Æthelstan, llevaría el título de "rey de los ingleses" y sería reconocido como el primer rey de un reino unido de Inglaterra. Alfredo también contribuyó decisivamente a recuperar la tradición y el amor por el aprendizaje en la Inglaterra medieval. Gracias a sus esfuerzos sabemos tanto sobre la historia de los anglosajones.

Capítulo Seis - La formación de Inglaterra

En este capítulo, examinaremos el destino de los anglosajones tras el fin de la invasión del Gran Ejército pagano a finales del siglo IX. Anteriormente, analizamos el reinado del rey Alfredo de Wessex, el hombre que comúnmente se considera que puso fin a la invasión vikinga de la Inglaterra anglosajona. Sus reformas no sólo mantuvieron a raya a los invasores, sino que sentaron las bases del futuro Reino de Inglaterra. También hemos mencionado que las acciones de Alfredo no estaban dirigidas a esta unificación, y lo mismo puede decirse de sus sucesores. Sin embargo, como veremos más adelante, las decisiones tomadas por los sucesivos gobernantes de Wessex darían lugar a la creación de un estado anglosajón unificado. A continuación, analizaremos más detenidamente los reinados de reyes sajones occidentales como Eduardo y Æthelstan y examinaremos sus acciones desde la perspectiva más amplia de la temprana construcción de la nación inglesa. Dadas las inestables circunstancias políticas de la época, examinar los procesos que condujeron a la unificación anglosajona resulta aún más convincente.

Después de Alfredo

El rey Alfredo murió en octubre de 899, sucedido por su hijo Eduardo, que llegaría a llevar el título de "el Viejo". Durante su reinado, ya se hacía referencia a Alfredo como el rey de los anglosajones, y con razón. El reinado de Alfredo había aportado una estabilidad muy necesaria al reino de Wessex, que se había convertido en el más dominante de los reinos anglosajones restantes. Sin embargo, esto no significaba necesariamente que sus sucesores fueran reconocidos como reyes.

De hecho, el caótico paisaje de la Inglaterra de principios del siglo X añadió más complicaciones a la dinámica de poder existente entre los reinos anglosajones y los vikingos, que se habían establecido firmemente en el este y el norte de Inglaterra (el Danelaw). Los vikingos habían controlado territorios tanto al norte como al sur del Humber durante décadas antes de que sus posesiones fueran reconocidas por Alfredo. Desde su invasión en 865, habían llegado a dominar los reinos de Northumbria y Anglia Oriental y se habían erigido en señores de gran parte de Mercia. Su avance hacia el sur sólo se había detenido gracias a Alfredo.

La sustitución por los vikingos de la organización política anglosajona en el Danelaw sigue siendo oscura. De hecho, toda la situación se pareció mucho a la llegada de los anglosajones a la Gran Bretaña postromana en el siglo V. Los hallazgos arqueológicos de la época, los nombres de los asentamientos y las pruebas genéticas apuntan claramente a la presencia cada vez mayor de los vikingos en estas tierras. Sin embargo, no está claro si un número creciente de escandinavos, que no eran necesariamente guerreros-exploradores como los vikingos tradicionales, siguieron llegando al Danelaw durante los primeros años del siglo IX. También es posible que los vikingos que conquistaron estas tierras se convirtieran en la nueva élite, sustituyendo a la nobleza anglosajona existente mediante la continua recaudación de tributos.

También hay confusión a la hora de denominar "el Danelaw" a los territorios conquistados por los vikingos. El primer uso del término aparece en fuentes del siglo XI, y es poco probable que se utilizara como distinción consciente entre los distintos grupos étnicos que formaban los ejércitos vikingos. "Danelaw" o "ley de los daneses" sugiere que, para los anglosajones, los vikingos eran daneses, aunque el Gran Ejército pagano contuviera bandas de guerreros de distintas partes de Escandinavia. Así pues, atribuir un término más sencillo a una combinación de etnias, nacionalidades o identidades culturales vikingas (que, no obstante, eran muy similares) no es necesariamente exacto. Aun así, el uso del término refleja la predominancia de los señores escandinavos en estas tierras.

No sabemos hasta qué punto estaba centralizado el liderazgo del Danelaw ni cómo de conectado estaba este reino vikingo con

Escandinavia. Podemos deducir de fuentes contemporáneas sajonas occidentales y de pruebas arqueológicas que existía algún tipo de cohesión entre las diferentes bandas guerreras vikingas que se habían asentado en el Danelaw. Tras la invasión inicial del Gran Ejército pagano, lo más probable es que estas bandas guerreras se hubieran separado, atraídas por diferentes ciudades de las que se apoderaron, como York, Nottingham o Leicester. La *Crónica anglosajona* menciona que los daneses habían trabajado las tierras que habían conquistado desde mediados de la década de 870, lo que sugiere que los vikingos tenían intención de quedarse en esta parte de Inglaterra. Al haber sido reconocida su autoridad sobre esas tierras por Alfredo en la década de 880, lo más probable es que los vikingos no sintieran la necesidad de alterar significativamente su organización política en el Danelaw.

Los anglosajones habían mantenido un control aproximado de la parte norte de Northumbria desde la conquista del reino por la oleada original del Gran Ejército pagano, pero no ostentaban un poder considerable. Las tierras meridionales de Northumbria estaban directamente bajo el dominio de los vikingos, que instalaron reyes mandatarios en la parte septentrional del antiguo reino para imponer eficazmente su dominio a sus súbditos.

La situación era igual de caótica al sur del Humber. Anglia Oriental había sido completamente absorbida por los vikingos, mientras que Sussex y Essex habían pasado a manos del reino de Wessex. Una parte significativa de Mercia también había sido conquistada por los vikingos, pero la mitad occidental del reino, comúnmente denominada "Mercia inglesa", permaneció bajo dominio anglosajón y fue dominada políticamente por Alfredo durante los últimos años de su reinado.

En conjunto, estos eran los dos ejes de poder significativos en la Inglaterra de principios del siglo X: los vikingos, que gobernaban las tierras del Danelaw, y los reinos anglosajones de Wessex y Mercia, con liderazgo sajón occidental. Los conflictos políticos de principios del siglo X tuvieron lugar principalmente entre estas dos potencias.

El reino de Wessex se enfrentó a una lucha sucesoria tras la muerte del rey Alfredo en 899. Sí, su hijo Eduardo se convirtió en rey, pero fue desafiado por una persona que tenía una reclamación bastante seria al trono de Sajonia Occidental -Æthelwold, el hijo menor del rey Æthelred y sobrino del rey Alfredo. Æthelwold era un bebé cuando su padre murió luchando contra los vikingos en 871, por lo que la corona pasó a su hermano Alfredo. Y aunque la *Crónica* describe una historia bastante simple del traspaso de poder de Alfredo a Eduardo, resulta muy intrigante examinar los acontecimientos de los primeros años del siglo X.

Parece que Æthelwold, habiendo alcanzado la mayoría de edad y quizás consciente del hecho de que Alfredo no favorecía necesariamente a Eduardo como su sucesor, desafió abiertamente a Eduardo por el trono de Wessex. Contó con un apoyo considerable tanto dentro de Wessex como más allá de sus fronteras, aunque la *Crónica*, escrita en la corte del vencedor final (Eduardo), menciona que el levantamiento de Æthelwold fue sólo una rebelión temprana rápidamente atajada por Eduardo.

En realidad, Æthelwold buscó la ayuda militar de los daneses, que se la concedieron, quizá creyendo que Æthelwold se convertiría en otro rey títere si salía victorioso. En los primeros años del siglo X, Æthelwold incitó el levantamiento de una gran fuerza vikinga de Anglia Oriental contra Eduardo, que acudió allí con un ejército para acabar con las perspectivas del desafiante. Aunque los daneses bajo el mando de Æthelwold salieron victoriosos de la sangrienta batalla de Holme en diciembre de 902, Æthelwold murió en la batalla y su sublevación terminó.

También es difícil determinar el alcance del poder del rey Eduardo en los primeros años de su mandato. En las cartas reales emitidas en su nombre, se le menciona como "Rey de los Anglosajones", pero es poco probable que ejerciera tanta influencia sobre la Mercia inglesa como su padre. Los fueros del rey Æthelred de Mercia, que había reconocido a Alfredo como superrey desde la década de 880, no mencionan a Eduardo de la misma manera. De hecho, las fuentes mercianas enfatizan la soberanía de Æthelred como rey y especialmente a Æthelflæd (la hija de Alfredo) como reina. De hecho, fuentes como los *Anales de Æthelflæd* y el *Registro Merciano* describen a la reina como una gobernante muy fuerte, especialmente tras la muerte de su marido en 911, que actuaba de forma independiente y aplicaba políticas que beneficiaban a Mercia.

Las monedas mercianas, en cambio, cuentan una historia diferente. Se emiten a nombre de Eduardo, lo que sugiere que Mercia estaba, al menos nominalmente, bajo su control. Parece que, aunque Eduardo ejerció algún tipo de poder sobre Mercia, llegando incluso a tomar el mando de las fuerzas mercianas en una campaña en 909, los reyes mercianos gozaban de relativa libertad para actuar en sus dominios en los primeros años del siglo X.

Tras la muerte de Æthelred en 911, el dominio de Eduardo sobre Mercia se hizo más firme. Heredó algunos de los centros mercianos más importantes, como Londres y Oxford, lo que reforzó enormemente su posición. A partir de este momento, Eduardo también desarrolló una mejor relación con su hermana Æthelflæd de Mercia, y es plausible que ambos coordinaran sus decisiones políticas más importantes en los años siguientes. Los frutos de esta relación se manifestaron en las políticas conjuntas contra los vikingos en todo el Danelaw. Estas políticas incluían no sólo campañas militares ofensivas en Anglia Oriental y partes orientales de Mercia, sino también la construcción continuada de burgos defensivos clave en territorios aún controlados por los anglosajones para mantener seguras las fronteras. Las cartas reales de esta época se refieren a los vikingos de Anglia Oriental y Northumbria como dos ejércitos y entidades políticas separadas, lo que sugiere que el liderazgo del Danelaw estaba descentralizado.

La construcción de burgos dificultaba a los vikingos cruzar a la campiña sajona occidental o merciana y saquear sus tierras. Con el tiempo, se construyeron más cerca de la frontera entre los dominios de los anglosajones y el Danelaw, como en Hertford y Witham, en Essex. Estas defensas se establecieron para frenar posibles ofensivas vikingas desde Anglia Oriental hacia las tierras situadas al norte del río Támesis, las que conducían directamente a Londres, que era un centro de poder crucial. La red de burgos se extendía como una telaraña, cada uno apoyando al siguiente y permitiendo que todo el sistema fuera sostenible.

Parece que esta política tuvo pronto un éxito relativo. Los burgos construidos en el corazón de Inglaterra acabaron provocando que algunos asentamientos vikingos se sometieran a los gobernantes anglosajones de Mercia y Wessex.

En 918, la mayoría de las grandes ciudades al sur del Humber parecían haberse sometido a los anglosajones, y los líderes vikingos llegaban a acuerdos y ofrecían su lealtad. Debido a la falta de estatutos sajones occidentales en este periodo, es difícil determinar qué causó exactamente este cambio en la organización política. Sin embargo, las pruebas sugieren que los vikingos más elitistas probablemente conservaron sus propiedades tras suplicar a Eduardo. Por tanto, es probable que el dominio militar gradual de Sajonia Occidental y Mercia obligara a los líderes vikingos a someterse uno a uno, aunque esto se hizo con cuidado para mantener la paz en lugar de explotar la confianza vikinga. Los daneses, que veían ventajas en alinearse con los reinos de Mercia y Wessex, negociaron así en nombre de sus súbditos. Sabemos que esta transferencia a gran escala de las tierras del Danelaw al sur del Humber al control de Eduardo fue un proceso profundo debido a las monedas acuñadas en nombre del rey de Sajonia Occidental.

Con la muerte de Æthelflæd en 918, Eduardo era esencialmente el rey anglosajón más poderoso, y procedió a afirmar rápidamente su poder sobre Mercia. La *Crónica Anglosajona* lo menciona empujando hasta el lugar de la muerte de la reina en Tamworth, en Staffordshire, donde el pueblo mercio decidió someterse a él, junto con tres gobernantes galeses, que probablemente habían estado bajo la influencia de Æthelflæd. Eduardo se llevó entonces a Ælfwynn, la hija de la difunta reina mercia, a Wessex, quizá para hacer frente a la posible amenaza de un aspirante a la sucesión más pronto que tarde. Este incidente otorgó a Eduardo un nivel de control sobre Mercia similar al de su padre Alfredo, uniendo una vez más dos de los reinos anglosajones más fuertes.

Además, en los dos o tres años siguientes, Eduardo continuó su política de "expansión defensiva" construyendo burgos por todo su reino. De este modo, hizo más firme su control de los vastos territorios mercianos, avanzando incluso en los territorios daneses de Northumbria. La *Crónica* señala que Eduardo fue elegido "padre y señor" no sólo por los ingleses y los daneses al sur del Humber, sino también por Ragnald de York, el prominente líder vikingo del Danelaw septentrional. Las circunstancias exactas que rodearon la elección de Eduardo como señor no están claras, pero sugieren que Ragnald firmó un tratado de reconocimiento mutuo con Eduardo en el que retenía el control de York y los territorios circundantes al norte del Humber.

Por otra parte, Eduardo fue reconocido como el único líder de los anglosajones, que empezaban a ser llamados los "ingleses". Los reinados de Alfredo y Eduardo habían hecho mucho por esta importante transformación identitaria, que se concretaría durante el reinado del sucesor de Eduardo.

El rey de los ingleses

Los historiadores no se ponen de acuerdo sobre la naturaleza de la construcción o unificación de la nación anglosajona, y la postura mayoritaria es que nunca se inició conscientemente. Los gobernantes anglosajones, desde que se les podía llamar reyes y a sus dominios en Gran Bretaña reinos, estaban motivados por el beneficio personal. Los reyes anglosajones eran conscientes de su duro entorno político, y aumentar el poder político a expensas de los demás fue siempre la principal motivación de los reinados de reyes como Offa de Mercia o Alfredo de Wessex. Estos gobernantes fueron grandes porque supieron adaptarse a las circunstancias cambiantes y emerger de tiempos extremadamente difíciles como figuras dominantes. Esto es cierto incluso aunque a menudo se hiciera referencia a estos gobernantes como "super reyes" o "reyes de los anglosajones" o "reyes de Britania".

La definición de "unidad" entre los anglosajones también presenta complicaciones. ¿Qué implica exactamente esta palabra si tenemos en cuenta la compleja composición étnica, lingüística y cultural de las Islas Británicas durante la Edad Media? ¿Dónde terminaban exactamente los reinos anglosajones? ¿Cómo podía un gobernante ser considerado objetivamente el rey de los anglosajones? Mejor aún, ¿cómo podría un gobernante ser considerado el rey de los ingleses?

Así, cuando hablamos del rey Æthelstan de Wessex como primer rey de los ingleses después de 927, debemos aclarar toda esta confusión, sobre todo porque Æthelstan no heredó directamente todos los territorios controlados anteriormente por su padre Eduardo. Los acontecimientos inmediatamente posteriores a la muerte de Eduardo en 924 siguen sin estar claros, pero parece que Æthelstan inicialmente sólo le sucedió en Mercia, mientras que su hermano Ælfweard heredó el trono de Wessex. No sabemos si Eduardo había repartido las tierras entre sus hijos antes de su muerte. Esta explicación es válida, ya que los reyes francos de Europa habían practicado esta forma de sucesión durante bastante tiempo.

Ælfweard también pudo haber sido proclamado rey en Wessex porque Eduardo había muerto en territorios mercios, donde había estado acompañado por Æthelstan, que tenía un historial de participación en los asuntos mercios. Por ejemplo, Æthelstan había participado en las campañas con sus tíos, Æthelflæd y Æthelred, y era más conocido en la corte mercia. Sin embargo, Ælfweard murió menos de tres semanas después que Eduardo. Æthelstan se convirtió así en el rey tanto de Mercia como de Wessex, aunque al principio se enfrentó a una pequeña resistencia en Wessex cuando intentó imponer su poder. En septiembre de 925 fue proclamado rey en Kingston-upon-Thames, un lugar elegido específicamente por su ubicación en la frontera entre Wessex y Mercia.

Frontispicio de la Vida de San Cuthbert de Bede, que muestra al rey Æthelstan entregando una copia del libro al propio santo[9]

Æthelstan gobernó durante unos quince años hasta su muerte en 939, lo que hace que su gran logro de la unificación inglesa sea mucho más impresionante. En el momento de su ascenso al trono, el único reino anglosajón importante que no estaba bajo su dominio era la

Northumbria danesa, centrada en torno a la ciudad de York. (Los anteriores reyes sajones occidentales y mercianos ya habían recuperado el control de Anglia Oriental y los territorios mercianos orientales). Æthelstan se convirtió también en el primer gobernante anglosajón del sur de Northumbria. Lo consiguió mediante una alianza matrimonial entre su hermana y Sihtric, el gobernante vikingo de York, en 926.

Sihtric, que anteriormente también había gobernado el reino de Dublín, controlado por los vikingos, se había convertido en rey de York en 921 tras la muerte de Ragnald de York. Es posible que la posición del gobernante danés se viera debilitada por sus anteriores guerras con los reinos bretones del norte, lo que le obligó a negociar con Æthelstan.

Es importante señalar que Sihtric murió sólo un año después de casarse con la hermana de Æthelstan, y la *Crónica* menciona que fue el rey sajón occidental quien "sucedió al reino de los northumbrios". Es difícil comprender hasta qué punto Æthelstan fue aceptado inicialmente por el pueblo de Northumbria como su rey, pero es posible que fuera desafiado por primera vez por Guthfrith, un primo de Sihtric que dirigió una pequeña fuerza desde Dublín. Sin embargo, esta resistencia no estaba preparada y no consiguió impedir que Æthelstan impusiera su poder en York.

De manera crucial, otros reyes del norte también se sometieron a Æthelstan en Eamont en julio de 927. Entre ellos se encontraban el rey Constantino de Alba (Escocia) y el rey Owain del reino bretón de Strathclyde. Además, los galeses también aceptaron el señorío de Æthelstan. Los reinos galeses de Gwent, Deheubarth y Gwynedd habían proclamado su lealtad a los reyes mercios y sajones occidentales a principios del siglo X y la extendieron también a Æthelstan. Todos estos gobernantes aparecieron como testigos en las cartas reales de Æthelstan durante los años siguientes y asistieron regularmente a la corte sajona occidental, residiendo allí como las figuras más respetadas. Esto confirma el grado de señorío e influencia que Æthelstan había alcanzado en los tres o cuatro primeros años de su reinado.

Sin embargo, el control de Æthelstan sobre Northumbria no era en absoluto firme. Los habitantes de Northumbria siempre se habían considerado separados de los demás reinos anglosajones y tenían una identidad especial. Esta había sido la primera vez que un gobernante del sur del Humber había impuesto con éxito su dominio en Northumbria, y Æthelstan se enfrentó con razón a la disidencia.

Para mejorar su posición en Northumbria, Æthelstan hizo generosas concesiones de tierras a diferentes nobles y miembros del clero.

Pero la cuestión de los territorios en la frontera entre Northumbria y los dominios escoceses del norte complicó las cosas. Estas tierras, que antes formaban parte del antiguo reino de Bernicia, habían estado bajo el control de Ealdred de Bamburgh hasta su muerte en 934. Ese año, Æthelstan lanzó una invasión al norte, yendo más lejos de lo que ningún otro rey anglosajón había hecho antes. La razón de la invasión no está clara, pero un conflicto entre el rey Constantino de Alba y Æthelstan tras la muerte de Ealdred es una posibilidad. Junto a Æthelstan estaban los gobernantes galeses que habían jurado lealtad a Æthelstan, lo que sugiere que su influencia era tangible en esta época.

Según la *Crónica*, Escocia fue atacada tanto por tierra como por mar, aunque los detalles exactos de la campaña (y, lo que es más importante, su resultado) también están rodeados de misterio. Sabemos que ese mismo año Æthelstan regresó a Buckingham, en el centro de Inglaterra, y emitió una carta en la que Constantino aparecía como subrey. Sin embargo, en cartas posteriores, a partir de 935, Constantino ya no aparece como testigo, mientras que todos los demás reyes que habían jurado lealtad a Æthelstan seguían siendo mencionados.

La tensa relación entre Æthelstan y Constantino degeneró en un conflicto a gran escala unos años más tarde. La *Crónica* registra que en 937 tuvo lugar una batalla decisiva en Brunanburh (cuya ubicación exacta no se ha determinado) entre sajones occidentales bajo el mando del rey Æthelstan y una fuerza combinada de escoceses bajo el mando del rey Constantino, britanos de Strathclyde bajo el mando del rey Owain y vikingos de Dublín bajo el mando del rey Olaf Guthfrithson.

Olaf había sucedido a su padre tres años antes como rey de Dublín y se había aliado con los escoceses tras casarse con la hija de Constantino. Posiblemente, su campaña desde Irlanda hacia el norte de Inglaterra fue su apuesta por el trono de York, que creía injustamente perdido a manos de Æthelstan.

Las fuerzas aliadas lanzaron una invasión a finales de 937, pero finalmente fueron derrotadas en Brunanburh por Æthelstan en una sangrienta batalla. Hubo muchas bajas en ambos bandos, incluidos importantes miembros de las familias de los reyes implicados en la batalla. La victoria de Æthelstan se consideró decisiva, y en la *Crónica* se le dedicó un poema para celebrar su hazaña. Sin embargo, como veremos, la cuestión del dominio de los reyes ingleses en Northumbria quedaría en gran medida sin resolver hasta años después de la muerte de Æthelstan.

Æthelstan fue, por tanto, el primer rey de los ingleses, gobernando las tierras que habían sido tomadas por los emigrantes anglosajones tras el fin del dominio romano en Britania. Pero también fue más que eso. Fue el líder político más fuerte de las Islas Británicas. Exigía tributo a los galeses y recibía su ayuda militar; había sometido con éxito a los reinos británicos del norte y a los vikingos de Dublín. En algunos de sus estatutos, se hace referencia a Æthelstan como "emperador", y esta noción no está lejos de la realidad. La casa de Wessex era la casa real más poderosa de Gran Bretaña en aquella época.

El reinado de Æthelstan fue el periodo de la historia anglosajona de Inglaterra en el que la corte real estuvo más implicada en los asuntos europeos. A través de los matrimonios reales y la frecuente relación con líderes europeos, Æthelstan proporcionó un gran ejemplo para otros gobernantes anglosajones del siglo X. Por ejemplo, para reforzar su reputación internacional y su legitimidad, Æthelstan llevó a cabo una política exterior amistosa con los francos. Tras la disolución del Imperio carolingio, las familias reales rivales descendientes de Carlomagno también buscaron legitimidad e influencia. Desde este punto de vista debe considerarse el matrimonio entre Eadgyth, hermanastra de Æthelstan, y el que pronto sería emperador Otón del Sacro Imperio Romano Germánico.

Æthelstan no sólo es recordado por su conquista de Northumbria y su posición privilegiada como el gobernante más poderoso de Gran Bretaña. También fue un gran reformador y reforzó el marco jurídico y administrativo interno de su reino. Æthelstan se enfrentó a nuevos retos como primer rey anglosajón que gobernaba un territorio tan extenso, cercano a las fronteras modernas de Inglaterra. Decidió centralizar su dominio para gobernar con mayor eficacia. Elaboró el mayor número de textos legales y cédulas reales de todos los gobernantes para convertir la práctica en parte inherente de la realeza y legitimar así su gobierno en todas las tierras anglosajonas. También celebró frecuentes concilios y se trasladó de una ciudad a otra. Estos consejos, conocidos como witans, eran una parte crucial de la administración de Æthelstan. Funcionarios de diferentes rangos, miembros del clero, nobles, ealdormen y muchas otras figuras solían asistir y discutir asuntos relevantes. Se puede afirmar que esta práctica desempeñó un papel importante en la tradición parlamentaria por la que hoy se conoce a la Inglaterra moderna.

Æthelstan también comprendió que era un rey cristiano. Sabía que debía elegir cuidadosamente sus acciones y cultivar buenas relaciones con la Iglesia. Durante su reinado, el clero desempeñó un papel importante en la creación y difusión de nuevas leyes, la mayoría de las cuales se basaban en otros grandes códigos anglosajones, como el de Alfredo. Æthelstan consultaba regularmente con el arzobispo Wulfhelm de Canterbury, quien redactó muchas de las leyes relativas a las relaciones reales con la Iglesia.

En general, el cristianismo adquirió mayor relevancia en las leyes inglesas durante el reinado de Ætelstán, y la fusión de ambos aspectos de la vida se convirtió en un elemento básico de los reinos europeos medievales. Sus cuatro códigos emitidos en Grately, Exeter, Faversham y Thunderfield abordan una amplia gama de dificultades sociales y económicas que podrían haber sido destacables en la época. Se ocupaban de asuntos como el impago de diezmos a la Iglesia, los robos, la posesión e intercambio de bienes y la tramitación de asuntos judiciales. Las leyes de Æthelstan eran extensas y ambiciosas, lo que demuestra su empeño en imponer y mantener el orden en circunstancias difíciles.

Æthelstan fue también uno de los reyes anglosajones más piadosos y cultos. De nuevo, en este aspecto, se basó en los cimientos establecidos por su abuelo, Alfredo el Grande. Por ejemplo, el hecho de que Æthelstan siguiera promulgando leyes en inglés antiguo demuestra la influencia de Alfredo, al igual que su mecenazgo de la cultura.

Es importante destacar que el arzobispado de Canterbury había pasado a estar bajo el control directo de los sajones occidentales cuando Æthelstan se convirtió en rey, y utilizó esta posición para aumentar su influencia sobre la Iglesia. En todas las tierras de Sajonia Occidental, por ejemplo, el rey ejercía la mayor influencia en asuntos religiosos, incluso promoviendo y nombrando obispos leales para diferentes diócesis.

Æthelstan también hizo mucho por integrar mejor en su reino a la Iglesia de Northumbria, que se había desarrollado por separado desde la invasión de los vikingos. Se fundaron muchos monasterios e iglesias en las tierras controladas anteriormente por los daneses para combatir la posible regresión de los valores cristianos en estas zonas. Se implicó especialmente en el culto a San Cuthbert, el patrón de Northumbria, situado en Durham, al que donó gentilmente muchas veces durante su reinado, incluso durante su campaña del norte. Entre sus donaciones se encontraba una copia de la *Vida de San Cuthbert* de Bede, escrita íntegramente en inglés antiguo y con una ilustración de Æthelstan entregando el libro al santo.

En general, Æthelstan realizó numerosas donaciones a diferentes instituciones religiosas de todo su reino y fuera de él, forjando relaciones con obispos extranjeros de toda Europa. También coleccionó con avidez reliquias antiguas y manuscritos antiguos, muchos de los cuales donó a diversos establecimientos monásticos. Su compromiso con estos asuntos fue imitado por sus sucesores, y el renacimiento eclesiástico puede considerarse una característica de la Inglaterra del siglo X. Sin duda, detrás de las acciones de Æthelstan había motivaciones políticas, pero aun así dieron lugar a un rico y raro legado cultural en una época de gran agitación.

La Casa de Wessex

Æthelstan, el primer rey de los ingleses, unió todas las tierras de los anglosajones, poniendo fin a años de dominio vikingo en Northumbria y haciendo que todos los reyes rivales de Britania se sometieran a él. Sin embargo, aunque su reinado fue abrumadoramente positivo para el reino, los problemas empezaron a aparecer tras la muerte de Æthelstan a la temprana edad de unos 45 años, en 939. El problema más obvio al que se enfrentaron los sucesores de Æthelstan fue mantener el norte bajo control. La reticencia histórica de los habitantes de Northumbria a aceptar a los sureños como reyes, unida a un renovado interés vikingo por controlar York y sus territorios circundantes, complicó las cosas a los reyes Edmundo y Eadred.

Edmundo, hermano de Æthelstan, ascendió al trono sin dificultades en 939, pero su autoridad en Northumbria se vio rápidamente desafiada por una figura conocida: Olaf Guthfrithson, que regresó con una pequeña fuerza desde Dublín en 940. El pueblo de York proclamó rey a Olaf, que dirigió su atención hacia el corazón de Inglaterra. Dirigió sus esfuerzos a tomar los "cinco distritos" (los importantes centros de Nottingham, Lincoln, Derby, Leicester y Stamford), todos ellos situados en el este de Mercia. En esta misión contó con el apoyo del arzobispo Wulfstan de York, cuyas motivaciones para apoyar a Olaf siguen sin estar claras.

El rey Edmundo se enfrentó finalmente al líder danés en Leicester, pero no tuvo éxito en su asedio y se vio obligado a reconocer a Olaf como gobernante de la zona. Sólo después de la muerte de Olaf, dos años más tarde, Edmundo reconquistó con éxito los "cinco distritos" y expulsó a los nórdicos que habían regresado a Mercia oriental con la ofensiva de Olaf. En 944, la reconquista de Northumbria se completó cuando Edmundo arrebató York al hermano de Olaf, Ragnald, y a otro líder vikingo, Olaf Sihtricson. Tras la muerte de Edmundo en mayo de 946 y la sucesión de su hermano Eadred como nuevo rey, Northumbria volvió a perderse, esta vez a manos del legendario vikingo Eric Bloodaxe, que no sería expulsado hasta 954.

A pesar de estas penurias a lo largo de las décadas de 940 y 950, con Northumbria y Mercia oriental repetidamente en el punto de mira de los vikingos, el desarrollo de los procesos sociales, económicos, administrativos y culturales en Inglaterra nunca cesó. El progreso en estos campos se puso de manifiesto durante el reinado del rey Edgar, apodado "el pacífico" por la relativa ausencia de actividades militares durante su mandato de casi dieciséis años como rey, a partir de 959. Edgar había gobernado Mercia desde la muerte de su padre en 955 y heredó la parte meridional del reino de su hermano, Eadwig, tras la muerte de éste.

El rey Edgar siguió en gran medida políticas como las de sus predecesores, continuando con el firme dominio sobre Northumbria y ampliando el marco legal. Cuando se convirtió en rey, el modelo de gobierno de Sajonia Occidental ya había alcanzado una gran madurez, con un cuerpo administrativo claramente definido que delegaba la autoridad legal de algunas de las familias nobles más poderosas y de los ealdormen.

Las leyes promulgadas durante la época de la casa de Wessex ya habían introducido cambios en la fiscalidad basados en el "sistema de centenas", una nueva unidad de división de la tierra. Al final de su reinado, Edgar también había transformado el sistema monetario de su reino, centralizando la producción y distribución de monedas e introduciendo una nueva dimensión de unidad que es testimonio de su gobierno en todos los reinos anglosajones.

Pero lo más importante es que la sociedad eclesiástica de Inglaterra experimentó una profunda transformación durante el siglo X, y las principales figuras de la Iglesia introdujeron importantes cambios que fueron refrendados por el rey. Tres figuras religiosas estuvieron a la cabeza de estos cambios: el arzobispo Dunstan de Canterbury, el obispo

Æthelwold de Winchester y el arzobispo Oswald de York. Nuestro conocimiento de estas reformas procede casi en su totalidad de fuentes sesgadas, en su mayoría biografías producidas después del reinado de Edgar. No obstante, en los textos de la segunda mitad del siglo X predominan los relatos religiosos, en los que se exponen las principales motivaciones de las reformas. Al parecer, los reformadores pretendían invertir el supuesto declive de la vida monástica en Inglaterra que se había producido tras las invasiones vikingas.

Los reformadores también se vieron muy influidos por la *Historia Eclesiástica* de Bede, que criticaba las prácticas religiosas anglosajonas, y por el movimiento de reforma monástica continental en curso. Argumentaban, al igual que sus contemporáneos europeos del siglo X, que la Iglesia inglesa había caído en el desorden, con monasterios poblados por clérigos que tenían familias y poseían grandes propiedades. En su lugar, los reformadores creían que el clero debía vivir su vida según la Regla de San Benito, en celibato y con plena dedicación a las actividades religiosas.

Los contactos que los reyes ingleses habían forjado con reinos cristianos (y, por tanto, con el clero cristiano en Europa) sin duda amplificaron estos sentimientos. Las reformas se impulsaron sobre todo en los monasterios de Wessex y Mercia, donde, hacia el año 975, se habían establecido muchos monasterios y conventos de monjas de estilo benedictino. Los funcionarios religiosos, con el apoyo de la Corona, confiscaron a menudo las posesiones de los clérigos que vivían en los antiguos monasterios, expulsándolos e instalando monjes y monjas en su lugar para mantener las instituciones en funcionamiento. Edgar expresó su apoyo concediendo numerosas donaciones a nuevos monasterios, lo que impulsó aún más el interés y la actividad.

En 970, los reformadores introdujeron leyes que imponían reglas uniformes a todos los monasterios benedictinos del reino para evitar desviarse del libro de reglas original, que se tradujo al inglés antiguo y se distribuyó ampliamente para potenciar su atractivo y alcance. La imposición de la uniformidad puede considerarse un importante movimiento político para afirmar la unidad de un reino gobernado por un solo rey. Aun así, los reformadores encontraron muchas dificultades para aplicar las reformas, especialmente en Northumbria, donde la vida monástica no cambió de forma tan significativa.

Los líderes de las reformas también habían sido estrechos aliados políticos de Edgar desde la juventud del rey, apoyando su reclamación al trono tras la muerte de su hermano Eadwig. Si se miran en este sentido, las reformas benedictinas en Inglaterra en el siglo X también estaban dirigidas a aumentar la influencia de estos funcionarios religiosos en la corte real. A finales del siglo X, el movimiento de reforma benedictina en Inglaterra no sólo había afectado enormemente a los asuntos eclesiásticos en las instituciones religiosas de todo el reino, sino que también había reforzado la posición de la Corona. Como veremos más adelante, a pesar de estos cambios, la autoridad de los últimos reyes sajones occidentales sería puesta a prueba en las últimas décadas del milenio.

Capítulo Siete - De Æthelred el Desprevenido a Guillermo el Conquistador

En el último capítulo del libro, examinaremos la historia posterior de los anglosajones, empezando por el reinado de Æthelred, a quien se ha dado el título de "el Desprevenido" debido a la naturaleza turbulenta de su gobierno. Como veremos más adelante, Æthelred sería incapaz de mantener la estabilidad en el reino debido a numerosos factores internos y externos que asolaron su reinado. A finales del siglo X también se produciría una nueva oleada de invasiones vikingas a gran escala, que acabaron por mermar el poder de los reyes de Sajonia Occidental y les obligaron a adaptarse a las cambiantes circunstancias políticas. La nueva actividad vikinga provocaría incluso la expulsión de la Casa de Wessex y la aparición de gobernantes escandinavos en el trono inglés durante varias décadas. Esta caótica parte de la historia anglosajona terminó con una lucha sucesoria a mediados del siglo XI, cuando una candidatura aparentemente improbable sucedió al trono de Inglaterra, marcando una nueva era en la historia de los anglosajones. Profundizaremos y analizaremos la compleja procesión de acontecimientos desde la ascensión de Æthelred hasta la conquista de Inglaterra por Guillermo de Normandía en 1066. Por último, evaluaremos la época de dominio anglosajón en Gran Bretaña y el legado material y cultural con el que los anglosajones son recordados en la historia.

Æthelred el Desprevenido

El reinado del rey Æthelred el Desprevenido, desde 978 hasta 1016, incluyendo un breve interregno causado por su derrocamiento y regreso en 1013-1014 generalmente se considera uno de los momentos más bajos de la realeza anglosajona, y no sólo porque condujo al colapso del poder de la Casa de Wessex. Los cronistas contemporáneos y posteriores constatan una completa degradación de las esferas sociopolítica y económica de Inglaterra en aquella época, sin duda acelerada por una nueva oleada de invasiones vikingas procedentes de Escandinavia. Estas invasiones, que aumentaron en gravedad a lo largo de la década de 990 y alcanzaron su punto álgido en la primera década del siglo XI, se cobraron un gran tributo al rey inglés, que no logró mantener la unidad de su reino y se vio obligado a abandonar a sus súbditos.

En resumen, el rey Æthelred recibió el apodo de "el Desprevenido" por muchas razones. Ciertamente, su incapacidad y debilidad de carácter contribuyeron al declive del poder de su reino. Sin embargo, si se observa con más detenimiento, el reinado de Æthelred parece haber estado plagado de problemas desde el principio, problemas arraigados profundamente en la naturaleza de la sociedad anglosajona de finales del siglo X.

Para comprender los problemas que asolaron el reinado de Æthelred, es importante analizar los acontecimientos de la segunda mitad de la década de 970 que le llevaron a convertirse en rey. El padre de Æthelred, el rey Edgar el Pacífico, murió en julio de 975, y la *Crónica* describe su muerte como una gran tragedia, un sentimiento que sin duda se deriva de las inclinaciones religiosas del rey y su patrocinio de las reformas monásticas durante su reinado. El pueblo lloró la muerte de un líder querido que les había garantizado paz y seguridad durante los quince años que había sido rey.

Sin embargo, individuos poderosos, como Ealdorman Ælfhere de Mercia, utilizaron el caos proporcionado por la muerte de Edgar para reclamar tierras que la Iglesia había ganado durante su reinado, expulsando por la fuerza a monjes y monjas de las instituciones religiosas. En la *Vida de San Oswald*, el biógrafo señala una represión generalizada de monjes y monasterios que anteriormente habían estado bajo el patrocinio de Edgar, en un acontecimiento que los historiadores han considerado la "reacción anti monástica".

Esta reacción no fue necesariamente contra la nueva forma de monacato y práctica cristiana, ya que quienes aprovecharon el momento eran benefactores de la Iglesia. En cambio, parecía un movimiento para reclamar parte del poder político que había sido debilitado por los prominentes líderes de la Iglesia durante el reinado de Edgar. Algunos nobles, por ejemplo, justificaron sus acciones alegando que habían sido coaccionados a ceder sus tierras a la Iglesia para cumplir con las nuevas regulaciones del rey.

Fue en medio de este caos cuando Eduardo, hijo de Edgar y su primera esposa, Æthelflæd (que entonces tenía trece años), ascendió al trono. Esto fue posible en gran medida gracias a la influencia de amigos en la corte de su padre, como el arzobispo Dunstan de Canterbury. Inesperadamente, sin embargo, el joven rey fue misteriosamente asesinado en marzo de 978 (menos de tres años después de ascender al trono) durante una visita a su hermanastro, Æthelred, hijo del rey Edgar de su segunda esposa, Ælfthryth. Eduardo, trágicamente asesinado en circunstancias poco claras, fue venerado como un mártir. Fue otra tragedia, que puso en entredicho la integridad del reinado de Æthelred, coronado rey menos de dos semanas después. Æthelred, él mismo cuatro años más joven que Eduardo, pudo haber sido una víctima ignorante de las intrigas de la corte real.

El reinado de Æthelred fue único. Como rey, fue caracterizado por sus contemporáneos y escritores posteriores como débil, pasivo y en gran medida fracasado, influenciado por diversos grupos de interés y nunca del todo capaz de afirmar su autoridad sobre sus súbditos más poderosos. La *Crónica* habla de su incapacidad para controlar a la nobleza anglosajona, de su tendencia a tomar decisiones impulsivas y violentas y de su ingenuidad en el trato con los vikingos.

Como hemos mencionado, fue la combinación de todos estos factores lo que le dio el título de "el Desprevenido". Sin embargo, las fuentes que proporcionan los relatos más detallados del reinado de Æthelred, como las versiones C, D y E de la *Crónica anglosajona*, se recopilaron después de que hubiera terminado, en la corte de un rey rival (Cnut el Grande). Dado que estos relatos no son contemporáneos, están intrínsecamente sesgados debido a su conocimiento de la naturaleza desastrosa del mandato de Æthelred como rey. Por ello, al hablar de Æthelred, es importante contrarrestar estas fuentes con relatos primarios producidos por los contemporáneos del rey, como la versión A de la *Crónica*, aunque tales fuentes contienen muchos menos detalles.

Una representación de Æthelred el Desprevenido[10]

En la segunda mitad de la década de 980, Æthelred parece haber ganado más influencia en los asuntos políticos del reino. Al principio de su reinado, fue víctima de las rivalidades en la corte entre diferentes grupos de interés, incluidas las derivadas de la reforma monástica y su reacción tras la muerte de Edgar. Los nombres de algunas de las figuras más poderosas que habían dominado las listas de testigos de los fueros reales durante los primeros años del reinado de Æthelred desaparecieron en la década de 980. Algunos, como el obispo Æthelwold de Winchester, murieron (en su caso, en 984). La desaparición de otros nombres de las cartas reales, como la reina madre Ælfthryth, sugiere que su influencia o poder había disminuido.

En 985, el rey Æthelred parece haber promulgado también su primer código legal y recuperado el control de la acuñación centralizada de monedas. Las cartas de esta época muestran un cambio en la política y las preferencias a la hora de elegir aliados. Æthelred devolvió muchas tierras a la Iglesia como un esfuerzo consciente por recuperar sus pérdidas durante la reacción anti monástica. Así, en unos diez años, Æthelred superó parcialmente a las figuras influyentes del antiguo sistema y socavó sus intereses en favor de nuevos grupos con los que empezó a entablar relaciones personales. Sin embargo, para entonces, el rey Æthelred se enfrentaba a una amenaza que afectaba significativamente a sus decisiones y le obligaba a apropiarse de muchos recursos para mantener la seguridad de su reino.

Aunque la influencia danesa se había reducido considerablemente en Inglaterra desde el reinado de Æthelstan, no todos los daneses se habían visto obligados a abandonar Inglaterra con la conquista de Northumbria. Como hemos señalado antes, la mayoría de los daneses, ahora cristianos, estaban bien integrados en el reino. Ciertamente parecía que los vikingos habían sido en gran parte eliminados. Las incursiones que tuvieron lugar a principios de la década de 980 fueron muy localizadas y de pequeña escala. De hecho, no hay razón para sospechar que la actividad vikinga de esta escala hubiera cesado por completo durante el siglo X, ya que los reinos vikingos habían perseverado en partes de Gran Bretaña e Irlanda. A pesar de pillar por sorpresa a los ingleses en lugares como Southampton, Devon, Portland o Cornualles durante este periodo, los vikingos fueron rápidamente expulsados.

Este patrón de incursiones vikingas a pequeña escala en las zonas costeras inglesas cambió en 991, cuando una gran partida de asalto de noventa barcos navegó hacia Inglaterra desde Noruega, liderada por Olaf Tryggvason, el futuro rey noruego. Esta fuerza atacó importantes zonas de Essex, saqueando ciudades como Ipswich antes de enfrentarse a un ejército inglés en la batalla de Maldon en agosto. No tenemos muchos detalles sobre cómo se desarrolló la batalla, pero sabemos que terminó con una victoria vikinga, con el ealdorman inglés y líder del ejército (Byrhtnoth) muerto en el campo de batalla. El rey Æthelred se vio obligado a negociar y supuestamente pagó a los vikingos la enorme suma de 10.000 libras para detener sus ataques antes de proceder a construir su flota para atrapar a los traicioneros vikingos. Sin embargo, fue traicionado por uno de sus ealdormen, que dejó escapar a los invasores.

La incursión de 991 fue el primero de muchos ataques vikingos destructivos a gran escala que se sucederían durante las dos décadas siguientes. Olaf Tryggvason regresó en 994 con una fuerza de tamaño similar, acompañado por Sweyn "Forkbeard" de Dinamarca, atacando primero Londres y luego las costas de Essex y Sussex. Los vikingos fueron recompensados una vez más, esta vez con oro y plata por valor de 16.000 libras. Como garantía de que detendrían el ataque, Olaf Tryggvason se convirtió al cristianismo y navegó de vuelta a Escandinavia. Las cantidades pagadas a los vikingos a cambio de la paz eran enormes, y la *Crónica* menciona que este tipo de pagos continuaron hasta bien entrada la primera década del siglo XI. Es probable que las cuentas sean exageradas, sobre todo porque habría sido prácticamente imposible reunir monedas por un valor tan elevado. La cantidad pagada a los ejércitos vikingos probablemente incluía una gran parte de objetos de valor, como reliquias de iglesias u otras formas de botín.

No sólo se pagaba tributo a los vikingos a cambio de la paz. A veces, los ingleses contrataban soldados del ejército vikingo como mercenarios, con el acuerdo de que defenderían las costas inglesas de otros ataques vikingos. En definitiva, se trataba de una solución muy extendida, practicada mucho antes de que Æthelred se convirtiera en rey. A menudo, los funcionarios locales la aplicaban por separado para mantener a salvo sus tierras. Sin embargo, a pesar de los esfuerzos de los ingleses, estas medidas no bastarían para disuadir nuevas incursiones vikingas, que se intensificaron a finales de la década de 990 y causaron gran destrucción y agitación.

La Casa de Dinamarca

Los ataques vikingos continuaron con mayor ferocidad en 997, tres años después de que Æthelred hubiera llegado a un acuerdo de paz con el ejército anterior. Los invasores saquearon primero las costas del suroeste de Inglaterra, desplazándose durante los dos años siguientes antes de asaltar Normandía en el año 1000. Otra fuerza atacó también Sussex y más tarde Devon al año siguiente.

Todos estos ataques habían obligado al rey Æthelred a adaptar su política, pero cada vez estaba más claro que resistir unas invasiones tan rápidas sería una tarea ardua, que requería la cooperación de los líderes locales. La *Crónica* menciona que algunos ealdormen, como Ulfcetel de Anglia Oriental, fueron derrotados en 1004 cuando intentaron enfrentarse a los vikingos. Otros se mostraron reacios a comprometer sus fuerzas en la costosa lucha contra los escandinavos. El duque Ricardo de Normandía estaba dispuesto a cooperar con los ingleses, tras haber acordado en 991 la paz mutua y una alianza defensiva contra los vikingos. Esta alianza se reconfirmó cuando Æthelred se casó con la hija de Ricardo, Emma, en 1002. La necesidad de buscar nuevos aliados confirma que las incursiones vikingas eran una amenaza importante en esta época.

Aunque la decisión de Æthelred de aliarse con los normandos puede justificarse, no puede decirse lo mismo de su política para tratar a los vikingos en su reino. La "masacre del día de San Brice", sin duda el acontecimiento más infame del reinado de Æthelred, tuvo lugar en noviembre de 1002. El rey, en una decisión que parece propia de un gobernante paranoico, ordenó matar a todos los daneses de Inglaterra, creyendo que habían conspirado con los vikingos invasores para derrocarle. Este decreto probablemente iba dirigido a los daneses que se habían asentado recientemente en Inglaterra, en contraposición a los que habían vivido en el reino durante generaciones, ya bien asimilados con los anglosajones. Tal vez, Æthelred quería eliminar a los mercenarios escandinavos que habían aceptado luchar con los ingleses, ya que en algunos casos habían sido desleales. Las pruebas arqueológicas de fosas comunes que contenían los cráneos de decenas de varones con genes escandinavos, desenterradas en Dorset y Oxford en la década de 2000, se han identificado como prueba de que la masacre tuvo lugar efectivamente.

Un gran ejército regresó de Escandinavia en el año 1009, dirigido por un comandante danés llamado Thorkell, que había acompañado a Sweyn Forkbeard en sus incursiones anteriores. Esta invasión resultó ser demasiado para Æthelred, que había estado luchando con interminables intrigas en la corte. Sabemos que el rey había perdido el apoyo de algunos de sus aliados más poderosos, entre ellos la nobleza y los ealdormen de varias provincias, porque ya no aparecían en sus cartas como testigos a principios del siglo XI. Æthelred había intentado prepararse para un inminente ataque vikingo encargando la construcción de una gran fuerza naval inglesa, pero este proyecto había sufrido muchos reveses, propenso a la corrupción y la traición.

El ejército de Thorkell, cuando desembarcó en Kent en 1009, fue sobornado por el gobernante local y se dirigió a Sussex, donde asoló sin piedad la campiña inglesa durante los meses siguientes. Los ingleses fueron incapaces de contraatacar, por lo que los vikingos saquearon Canterbury en 1011 y tomaron prisionero al arzobispo Ælfheah (que fue asesinado más tarde). Æthelred se vio entonces obligado a pagar una ridícula suma de dinero como tributo (la *Crónica* habla de 48.000 libras de oro y plata) como parte del acuerdo de paz con Thorkell. El líder vikingo no sólo accedió a enviar a sus soldados a casa y a cesar los ataques a Inglaterra, sino que se unió a Æthelred con una fuerza de cuarenta y cinco barcos.

Un año más tarde, Sweyn Forkbeard, ahora rey tanto de Dinamarca como de Noruega, regresó con una gran fuerza y lanzó una invasión a gran escala de Inglaterra, abriéndose camino desde Kent hasta las Tierras Medias Orientales. Lo que sucedió a continuación fue un colapso casi instantáneo del poder que Æthelred había mantenido. Los ealdormen ingleses se negaron a luchar contra los vikingos bajo Thorkell. Una a una, las tierras de Inglaterra cayeron ante los invasores, como fichas de dominó. Los "cinco distritos" se sometieron a Sweyn sin apenas resistencia, una espina clavada en el costado de Æthelred, que intentó resistirse a los invasores. Con la ayuda de Thorkell, Æthelred presentó batalla en Londres, pero no pudo perseguir a los vikingos para provocar sus bajas decisivas. Sweyn se desplazó hacia el oeste, saqueando la campiña hasta la rendición de Æthelmær, que finalmente obligó al rey a rendir también Londres. A finales de 1013, Æthelred se vio obligado a exiliarse en Normandía.

El rey escandinavo sólo duró unos meses como rey de Inglaterra antes de sufrir una muerte inesperada en febrero de 1014. Naturalmente, su ejército declaró a su hijo, Cnut, nuevo rey. Sin embargo, la nobleza anglosajona, que se había sometido a Sweyn durante sus conquistas, se mostró reacia a aceptar a su hijo como nuevo señor. En su lugar, "invitaron" a Æthelred a volver a ser rey. Es probable que esta invitación se basara en ciertas exigencias de los nobles, que tenían motivos para sentirse maltratados o menoscabados. La *Crónica* menciona que hicieron prometer a Æthelred que resolvería sus errores anteriores y concedería la amnistía a quienes le habían traicionado el año anterior. Así pues, en retrospectiva, el regreso de Æthelred al trono estaba condenado desde el principio. No obstante, aceptó.

Al oír esto, Cnut se vio obligado a huir de vuelta a Escandinavia. Æthelred, sin embargo, no pudo aferrarse al poder ni a la autoridad que le garantizarían la lealtad de sus súbditos. Procedió a hacer campaña en Lincolnshire, castigando a los nobles que habían apoyado a Sweyn. Esto dio lugar a otra rebelión, esta vez liderada por su propio hijo, Edmund "Ironside".

Edmundo se estableció en el norte, donde los sentimientos anti-Æthelred habían sido más fuertes, y rápidamente se ganó el apoyo local. Probablemente, Edmundo estaba motivado por su deseo de hacerse con el trono, ya que Æthelred lo había descartado como posible sucesor en favor de Eduardo, hermanastro de Edmundo. Eduardo, hijo de Æthelred con su segunda esposa Emma de Normandía y adolescente en ese momento, ya empezaba a participar en asuntos políticos al lado de su padre.

La apuesta de Edmundo por el poder, sin embargo, también fue efímera. Cnut regresó a Inglaterra tras haber repuesto sus fuerzas en Dinamarca y llevó la lucha directamente a los territorios de Wessex. Æthelred no estaba preparado para enfrentarse a los vikingos que regresaban, ya que había caído enfermo, y Edmundo lideró la resistencia esta vez. Sin embargo, al igual que su padre, sus aliados, incluido Thorkell, desertaron al enemigo.

Æthelred murió en abril de 1016 mientras Cnut saqueaba las tierras de Inglaterra y negociaba términos de paz con los nobles locales. En la batalla de Assandun, librada en octubre de 1016 (cuyo lugar exacto no se ha determinado), Cnut derrotó decisivamente a las fuerzas de Edmundo y le obligó a rendirse. Los dos líderes acordaron dividir el reino de Inglaterra, conservando Edmundo únicamente el control de las tierras de Wessex. Sin embargo, esta división no duró mucho. Edmundo murió un mes después y Cnut asumió el control de Inglaterra. Ahora era el rey de Dinamarca, Noruega e Inglaterra, una entidad política conocida como el Imperio del Mar del Norte. La Casa de Wessex, que había unido y gobernado Inglaterra durante más de un siglo, había caído.

Tal vez por ser un rey extranjero o por la falta de estatutos reales producidos durante sus diecinueve años como rey de Inglaterra, nos queda la sensación de que los reinados de Cnut y sus dos sucesores de la Casa de Dinamarca fueron un periodo transitorio. Esto se debe en parte a los acontecimientos de 1066, que acabaron con el dominio de esta dinastía que gobernaba el Imperio del Mar del Norte.

A todas luces, Cnut fue uno de los gobernantes más poderosos que Inglaterra había visto jamás, y sin duda el más competente y experimentado desde al menos Edgar el Pacífico. Inglaterra estaba en su punto más bajo cuando él subió al trono de Inglaterra en 1016 y, como extranjero con una historia de hostilidad con los ingleses, tuvo que trabajar mucho para invertir el declive del poder inglés. Las políticas adoptadas durante su reinado, así como el hecho de que marcó un breve periodo de relativa paz en Inglaterra, atestiguan que logró la estabilidad en un entorno complejo. El hecho de que sea uno de los gobernantes con el título de "el Grande" también lo corrobora.

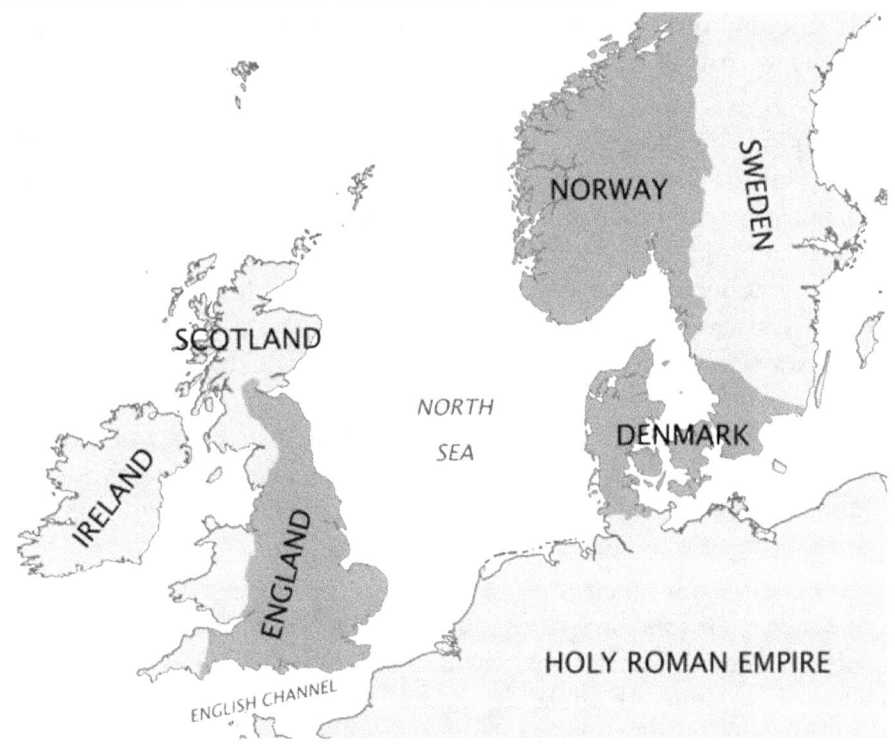

Un mapa del Imperio de los Mares del Norte de Cnut[11]

Como rey de Inglaterra, Dinamarca y Noruega en una época en la que la información tardaba semanas en llegar de un lugar a otro, Cnut se encontró en una posición bastante singular en 1016. Se dio cuenta de la necesidad de adoptar varias medidas que garantizaran la seguridad de su posición en Inglaterra, sobre todo porque a menudo estaba ausente, ocupado atendiendo asuntos en Escandinavia, como rebeliones domésticas. Para reforzar su control sobre Inglaterra, Cnut dividió las tierras que había conquistado en cuatro partes, asignando cada una a uno de sus partidarios en 1017. Mantuvo el control de Wessex, delegando Anglia Oriental a Thorkell, Northumbria a Erik de Hlathir, y Mercia a Eadric Streona.

Además, Cnut eliminó la resistencia de la Casa de Wessex, obligando a los hijos de Æthelred, que podrían haber tenido pretensiones al trono, a exiliarse a la corte de la familia de su madre en Normandía. Ese mismo año, Cnut se casó con la viuda de Æthelred, Emma, en un intento de reforzar su imagen de rey legítimo. El matrimonio fue probablemente negociado por Emma a cambio de la seguridad de sus hijos y de una posición importante para ella en la corte de Cnut, algo a lo que el rey parece haber accedido.

Un año más tarde, en 1018, Cnut promulgó su propio código legal, respaldado por el arzobispo Wulfstan de York y basado en gran medida en la tradición jurídica anglosajona. En general, parece que la intención de Cnut era ser visto como el continuador de la realeza anglosajona, como otro en la línea de sucesión y no como un usurpador del trono. Cultivar una buena relación con el arzobispo lo confirma, al igual que el intento consciente de Cnut de volver a conectar con los tiempos pacíficos y estables del pasado, especialmente los del rey Edgar. Para ser un gobernante extranjero que había conquistado el trono inglés y obligado a exiliarse a miembros de la familia real, Cnut era bastante tolerante con las costumbres, tradiciones y prácticas religiosas locales. Fue un activo benefactor de la Iglesia, especialmente en el sur, donando cuantiosos regalos a Canterbury y Winchester.

Aunque puso a muchos escandinavos en posiciones de poder como ealdormen y en funciones administrativas inferiores, la composición de la administración inglesa había vuelto a ser de predominio anglosajón a finales de su reinado en la década de 1030. A los nobles vikingos instalados por Cnut, de vida relativamente corta, se les concedieron al principio muchas tierras por toda Inglaterra, pero su influencia se mantuvo a raya gracias a una clase de élites anglosajonas igualmente poderosas, lideradas por el conde (título cada vez más utilizado en esta época) Godwin de Wessex. El conde Godwin y otros nobles influyentes, aunque eran una clase nueva en comparación con la antigua aristocracia, fueron acumulando más poder en Inglaterra. Esto fue posible gracias a las frecuentes ausencias de Cnut, que crearon un pequeño vacío de poder en el reino, aunque a menudo delegaba en regentes para que gobernaran en su nombre. A lo largo de la década de 1020, Cnut realizó numerosas campañas en Noruega y derrotó las rebeliones que desafiaban su dominio en Dinamarca, por ejemplo.

En conjunto, Cnut el Grande fue un convincente gobernante del Imperio del Mar del Norte y uno de los reyes de Inglaterra más exitosos de la Casa de Dinamarca. A su muerte, en 1035, el reino volvería a verse inmerso en una lucha sucesoria. Su hijo, Harold Harefoot, actuó como rey durante los cinco años siguientes, aunque no fue coronado hasta 1037 debido a las dudas de la nobleza a la hora de declararle su apoyo. Su hermanastro, Harthacnut, debía heredar el trono, pero estuvo ausente, tratando de consolidar su posición en Dinamarca, al igual que su padre. Sólo tras la muerte de Harold Harefoot en 1040, Harthacnut regresó a Inglaterra para reclamar el trono pacíficamente.

Restauración de la Casa de Wessex

Harthacnut fue el último miembro de la Casa de Dinamarca que gobernó Inglaterra en el siglo XI, y su reinado duró muy poco: el rey sufrió una apoplejía a principios de 1042 y murió en junio de ese año. La cuestión de la sucesión volvió a estar en el aire, pero esta vez la transición de poder se produjo sin problemas ni desafíos. Poco antes de su muerte, Harthacnut, quizá consciente de su avanzada edad, invitó a Eduardo, hijo de Æthelred el Desprevenido y Emma de Normandía, a regresar a Inglaterra. Es probable que, dado que Harthacnut era soltero y no tenía hijos, viera a Eduardo como un sucesor natural, un sentimiento que compartía la opinión pública inglesa, incluidas las élites. A ello alude la *Crónica*, que menciona que el pueblo de Inglaterra había elegido a Eduardo como próximo rey. Sin embargo, también era el único candidato lógico para ocupar el trono después de Harthacnut. Por tanto, el apoyo de las élites no significa necesariamente que Eduardo fuera su elección preferida como rey.

El reinado de Eduardo como rey de Inglaterra duraría unos veintitrés años, hasta enero de 1066, lo que le convertía en el monarca que más tiempo había reinado en Inglaterra desde su padre, Æthelred. Los primeros años de Eduardo como rey estuvieron naturalmente marcados por las intrigas políticas. A pesar de su linaje real, era prácticamente desconocido, ya que había pasado la mayor parte de sus primeros años en el exilio en Normandía con la familia de su madre. De hecho, Eduardo, que ya tenía unos cuarenta años cuando ascendió al trono, era un gobernante mucho más desconocido de lo que lo habían sido Cnut, Harold Harefoot o Harthacnut. La vida en el exilio le había convertido en un normando afrancesado que hablaba francés en privado. Su corte real también estaba compuesta por figuras que habían sido estrechos aliados de Cnut, como el conde Godwin de Wessex y Siward de Northumbria. Naturalmente, estos protagonistas habían acumulado mucha más influencia en Inglaterra que el nuevo rey, por lo que los primeros años del reinado de Eduardo transcurrieron en interminables maniobras políticas.

Eduardo se vio obligado a aceptar el hecho de que no tenía la influencia necesaria para ejercer su autoridad sobre sus súbditos más poderosos. Debía atender a sus necesidades y demandas para ganarse el favor de la aristocracia inglesa y danesa de su reino. Sólo después de hacer concesiones a estos grupos de interés, Eduardo fue finalmente coronado rey el día de Pascua de 1043, unos dos años después de su llegada a Inglaterra, cuando Harthacnut aún vivía.

Godwin de Wessex era el conde cuyo apoyo Eduardo más necesitaba. Godwin, un experimentado conde de origen inglés, había formado parte de la corte real durante muchos años y ejercía una influencia considerable en el reino. Para ampliar su poder, Eduardo se dio cuenta de que tenía que dar algo a cambio al conde de Wessex, y así lo hizo.

Al principio, concedió a los hijos de Godwin, Sweyn y Harold, condados en West Midlands y East Anglia, y luego se casó con la hija de Godwin, Edith, en enero de 1045. Esto aumentó significativamente la influencia de Godwin y su familia, pero no pasó mucho tiempo antes de que el conde y el rey Eduardo se convirtieran en rivales, especialmente en asuntos de política exterior. Lo más importante es que Eduardo decidió no hacer campaña en Dinamarca para ayudar al rey danés Sweyn Estridsson contra la invasión del rey noruego Magnus, a pesar de que el rey Sweyn, apoyado por Godwin, había pedido personalmente la ayuda de Eduardo. Godwin quería ayudar al rey Sweyn porque el rey Magnus aspiraba a invadir Inglaterra y reclamar el trono para sí, algo que nunca ocurrió debido a la muerte de Magnus en 1047.

Las tensiones entre el rey Eduardo y el conde Godwin se agravaron aún más en 1051-1052, cuando Eduardo nombró a su amigo normando Roberto de Jumièges nuevo arzobispo de Canterbury, a pesar de que el clero inglés y Godwin favorecían a otro candidato. Roberto había llegado a Inglaterra con Eduardo en 1041 y había sido obispo de Londres desde 1043. Fue uno de los aliados más cercanos de Eduardo desde el principio, y su nombramiento como nuevo arzobispo redujo aún más la influencia de Godwin en el reino. Eduardo también nombró a clérigos y nobles normandos para puestos de poder dentro de su reino, una medida naturalmente impopular para la aristocracia inglesa. Para ganarse el favor de la opinión pública, Eduardo procedió a disolver la flota real, por considerarla una carga fiscal innecesaria.

Para entonces, sin embargo, la relación entre Eduardo y Godwin se había tensado, y un incidente en el que se vio implicado el conde Eustaquio de Boulogne, cuñado de Eduardo, puso al reino al borde de la guerra civil. Eustaquio y sus hombres normandos se enzarzaron en una pelea con los habitantes de Dover, y Eduardo exigió que Godwin, como conde que presidía Kent, castigara a los ciudadanos. Godwin se negó. El arzobispo Robert, amigo íntimo y aliado de Eduardo, acusó entonces a Godwin de tramar una conspiración contra el rey, lo que llevó a los condes leales a Eduardo (Siward y Leofric), a reunir a sus hombres y prepararse para luchar contra Godwin. Este, por su parte, contaba con el apoyo de sus hijos Harold y Sweyn, que también se preparaban para la batalla. Las tensiones eran tan fuertes como siempre, pero al final ninguno de los dos bandos estaba dispuesto a luchar. Como resultado, Godwin y sus hijos huyeron. Harold se fue a Irlanda, mientras que Godwin y Sweyn se fueron a Flandes. Tras expulsar con éxito a sus oponentes, Eduardo, respaldado por el arzobispo Roberto, se divorció de su esposa y la envió a un convento.

Sweyn Godwinson murió en el exilio, pero su padre y su hermano recuperaron sus pérdidas y regresaron a Inglaterra en 1052 con un gran ejército para enfrentarse a Eduardo. Esta vez, el apoyo al rey no fue tan firme. Eduardo negoció un acuerdo con Godwin y Harold, restituyéndoles en sus antiguos cargos y accediendo a deshacerse de los normandos en su corte. De hecho, los dominios de Godwin y Harold se ampliaron a expensas de los del rey y sus aliados normandos, lo que fue apoyado por los condes Siward y Leofric, que conservaron sus tierras como parte del acuerdo. Eduardo también recuperó a Edith como esposa. Tuvo que aceptar que, tras una crisis que duró dos años, el poder de la familia Godwin no había hecho más que aumentar.

A lo largo de la década de 1050, a medida que iban muriendo todos los antiguos miembros destacados de la corte, incluido Godwin, Eduardo decidió conceder aún más tierras a miembros de su familia. Harold Godwinson fue nombrado nuevo conde de Wessex, mientras que sus hermanos menores Tostig, Gyrth y Leofwine fueron ascendidos a posiciones dominantes en Northumbria, Anglia Oriental y las Midlands sudoccidentales. De este modo, la familia Godwinson, tan poderosa como el propio rey, adquirió una influencia considerable.

Aunque la mayor parte del poder de los Godwinson se concentraba en el sur de Inglaterra, el control de estos condados les daba la capacidad de recaudar impuestos, levantar ejércitos y presidir los asuntos políticos y judiciales locales. Las fuentes contemporáneas nos ofrecen una visión limitada de las intenciones de Eduardo. Se desconoce si creía que le habían obligado a renunciar a tal control e influencia. Es una explicación lógica si tenemos en cuenta que Eduardo se retiró gradualmente de los asuntos políticos activos en la segunda mitad de la década de 1050, pasando cada vez más tiempo fuera, por ejemplo, cazando. Dedicó menos atención a los asuntos de política interior y exterior. Harold y Tostig Godwinson hicieron campaña contra los galeses y los escoceses en este periodo, no el rey. Así, la Casa de Wessex bajo el rey Eduardo había vuelto a decaer unos quince años después de su restauración como familia reinante de Inglaterra en 1042.

A medida que el poder y la influencia de Eduardo declinaban gradualmente hasta bien entrado su reinado, la cuestión obvia de la sucesión al trono se hizo más evidente. Eduardo no tenía hijos, y no estaba muy claro a quién favorecía como próximo rey. El hecho de que Eduardo nunca nombrara un sucesor provocó toda la crisis de 1066 tras su muerte.

Guillermo de Normandía era quizás el pretendiente más improbable al trono. Hijo ilegítimo del duque Roberto I de Normandía, tardaría bastante en consolidar su poder en el ducado antes de estar en condiciones de lanzar su candidatura al trono de Inglaterra. Guillermo estaba emparentado con Eduardo (era primo lejano del rey), pero este parentesco no era en absoluto suficiente para convertirlo en un candidato lógico a ojos de sus rivales, especialmente Harold Godwinson.

Es importante destacar que Guillermo afirmó que Eduardo le había prometido el trono de Inglaterra en secreto durante la crisis de 1051-1052. Pocas fuentes contemporáneas mencionan que tal encuentro tuviera lugar entre Eduardo y Guillermo. Por ejemplo, sólo en la versión D de la *Crónica anglosajona* se menciona siquiera el acontecimiento. En ella se afirma que Guillermo visitó a Eduardo en 1051, tal vez para apoyar al rey inglés en un momento de crisis contra Godwin y su familia. Sin embargo, en ese momento Guillermo estaba involucrado en una guerra en el condado de Anjou, por lo que su visita a Eduardo es poco probable.

Aunque Guillermo visitara a Eduardo, no está claro si el rey le confió la sucesión. Las fuentes normandas mencionan otro encuentro entre Guillermo y el arzobispo Roberto, que supuestamente había viajado como dignatario en nombre de Eduardo para llevar al duque normando la noticia de que había sido elegido sucesor. Sin embargo, las fuentes no aportan muchos detalles sobre la naturaleza de esta visita.

Junto a Guillermo de Normandía, cuya posible candidatura como próximo rey permaneció relativamente desconocida para los ingleses hasta 1006, también se postuló el sobrino exiliado del rey Eduardo: Eduardo el Exiliado. Era hijo de Edmund Ironside, que se había visto obligado a huir de Inglaterra en 1016 tras la conquista de Cnut. Edmund había regresado a Inglaterra en 1057 con su familia, pero murió poco después y fue enterrado en Londres. En su lugar, fue su hijo Eduardo Ætheling, de cinco años, el siguiente en la línea de sucesión en la Casa de Wessex. Todos los demás miembros varones de la Casa de Wessex habían muerto para entonces. Sin embargo, Eduardo era demasiado joven y su madre tenía muy poca influencia como para hacer valer su derecho durante la vida del rey Eduardo, y mucho menos después de su muerte. En el momento de la llegada de Eduardo Ætheling a la corte, el rey Eduardo ya se había vuelto pasivo a la hora de atender los asuntos de estado, habiendo delegado la mayor parte del trabajo en los Godwinson. Así pues, el joven Eduardo nunca se involucró en los asuntos reales, y el hecho de que no tuviera ejército, a diferencia de Guillermo, hizo que su candidatura como próximo rey fuera aún más débil.

La conquista normanda

Los acontecimientos de 1066 (una de las fechas más importantes de la historia inglesa) son muy complicados debido a las intrincadas relaciones entre los diferentes protagonistas durante la crisis que siguió a la muerte de Eduardo, quien murió a principios de enero y probablemente confió el reino a Harold Godwinson, el candidato más obvio para convertirse en el siguiente rey.

Harold era cuñado de Eduardo, el conde más poderoso del reino con vastos dominios. Procedía de una familia respetada y bien establecida, tenía experiencia en el gobierno y la guerra, y contaba con el apoyo de otros condes. Es importante destacar que Harold también era de origen anglosajón y provenía de una familia local, lo que le daba ventaja sobre Guillermo. Y aunque Edgar Ætheling pertenecía a la Casa real de Wessex, las élites no podían haberle prometido su apoyo basándose únicamente en este factor. Finalmente, como si todos estos factores no hubieran sido suficientes, Harold afirmó que el rey Eduardo le había nombrado sucesor en su lecho de muerte.

Aun así, la precipitada coronación de Harold el mismo día en que Eduardo fue enterrado demuestra su firme voluntad de convertirse en rey y su posible conciencia de que otros eran igual de capaces de hacer valer su poder en Inglaterra.

Uno de esos contendientes era el rey Harald Hardrada de Noruega. La participación de Hardrada en la lucha por el poder había sido en parte fruto de la casualidad. Hardrada, un guerrero experimentado que había pasado su juventud como comandante militar en la Rus de Kiev y el Imperio bizantino, se había convertido en rey de Noruega en 1046. Ambicioso, deseaba reclamar también el trono de Dinamarca, pero no lo consiguió a pesar de lanzar numerosas incursiones en los territorios daneses. Aunque el trono de Inglaterra nunca había estado entre los objetivos del rey Harald, fue invitado como candidato a finales de 1065 por Tostig Godwinson, que para entonces había tensado su relación con su hermano Harold.

Para comprender mejor las luchas de 1066, es importante examinar los acontecimientos de 1065 que enfrentaron a Tostig con Harold, más concretamente, la rebelión de Northumbria contra Tostig.

Tostig había sido conde de Northumbria durante una década, pero la población local estaba descontenta con su gobierno. Mientras Tostig se encontraba en el sur visitando al rey Eduardo, los habitantes de Northumbria se rebelaron, tomando el control de York y saqueando las posesiones de Tostig. Su principal exigencia era la expulsión del conde Tostig y la instalación de Morcar, el hermano menor del conde Edwin de Mercia, como nuevo conde. Los rebeldes llegaron hasta el sur de las Midlands Orientales, saquearon las tierras de Tostig e insistieron en sus demandas antes de que Harold Godwinson negociara la paz. Tostig fue despojado de su condado y obligado a exiliarse. Tostig estaba furioso, pues creía que Harold había incitado la rebelión y la había utilizado para expandir su propia influencia en el norte a expensas de su hermano.

Por la misma época, Harold también se había casado con la hermana del conde Eadwig y del recién nombrado conde Morcar, asegurándose así una alianza con esta poderosa familia inglesa. Probablemente, Harold pretendía entablar el mayor número posible de buenas relaciones con los lugareños para que apoyaran su candidatura como rey tras la muerte de Eduardo.

Tostig, sintiéndose traicionado por su hermano y futuro rey, huyó a Flandes, donde reunió una pequeña fuerza e intentó regresar a

Inglaterra, posiblemente con la intención de convertirse en rey. Sin embargo, su intento fracasó, ya que las fuerzas de Harold rechazaron fácilmente la flota de Tostig, obligándole a huir a la corte del rey Malcolm de Escocia.

En Escocia, Tostig Godwinson se unió al rey Harald Hardrada de Noruega, que ya había lanzado su invasión para hacerse con el trono inglés. Es posible que Tostig invitara a Harald a lanzarse a por el trono, con la esperanza de recuperar su condado como recompensa. Para Hardrada, que se veía a sí mismo como el próximo rey de Inglaterra y el recuperador del Imperio del Mar del Norte de Cnut el Grande, Tostig podría haber resultado un valioso aliado para cimentar su posición como rey.

Hardrada, que había reunido un ejército considerable en primavera, desembarcó a principios de septiembre en las islas Orcadas, controladas por Noruega. A continuación, se dirigió a la ciudad de Dunfermline, en la costa sureste de Escocia, donde se reunió con Tostig y el rey Malcolm de Escocia. Tostig, con su pequeña fuerza que palidecía en comparación con la de Hardrada, se unió a los noruegos y zarpó hacia Northumbria.

Mientras los noruegos al mando de Harald Hardrada saqueaban la campiña de Northumbria a lo largo de septiembre de 1066, la noticia de la muerte del rey Eduardo ya había llegado a Guillermo de Normandía. El duque ya había preparado una gran flota para cruzar el Canal de la Mancha a finales del verano, pero el tiempo desfavorable le retrasó. Se desconoce el tamaño exacto del ejército de Guillermo, y muchas fuentes exageran enormemente el número de hombres de que disponía en 1066. Se puede suponer que Guillermo había reunido una fuerza de unos 10.000 hombres, procedentes no sólo de Normandía, sino también de Bretaña, donde había hecho campaña en años anteriores.

Por suerte para Guillermo, el rey Harold Godwinson de Inglaterra ya se había desplazado hacia el norte para reunirse con Harald Hardrada cuando éste decidió cruzar el canal a finales de septiembre. Durante todo el verano, el rey inglés había mantenido una flota que patrullaba las costas del sur de Inglaterra, anticipándose a una posible invasión de Guillermo. Viendo que había una amenaza más inmediata en la parte norte de su reino, Harold Godwinson marchó a Northumbria para enfrentarse a los noruegos.

Cubriendo una distancia de unas veinticinco millas al día, la marcha de Harold y su ejército desde Londres a York duró sólo nueve días, un tiempo excepcionalmente corto. Aun así, cuando llegaron el 25 de septiembre, encontraron la ciudad diezmada por Harald Hardrada. La fuerza noruega se había desplazado hacia el este y acampado en el pueblo de Stamford Bridge. Los ingleses se dirigieron rápidamente a la aldea, tratando de pillar a los noruegos con la guardia baja.

La batalla que siguió causó numerosas bajas en ambos bandos. Los cronistas describen una cruenta batalla por el estrecho cruce del río, que sólo estaba defendido por un único noruego. Éste detuvo el avance inglés inicial, matando a decenas de soldados ingleses antes de caer él mismo, lo que permitió a las fuerzas noruegas movilizarse y formar una defensiva. Sin embargo, los ingleses salieron victoriosos, y tanto Harald Hardrada como Tostig Godwinson murieron en la batalla. Los supervivientes negociaron una tregua con el rey Harold y acordaron navegar de vuelta a Noruega.

Stamford Bridge fue una victoria asombrosa para los ingleses. Fue una de las victorias más decisivas sobre los vikingos en la historia, comparable al triunfo de Æthelstan en Brunaburh más de cien años antes. Sin duda, sirvió para legitimar aún más el reinado de Harold, ya que había defendido con éxito su reino de una gran invasión extranjera. Sin embargo, por desgracia para los ingleses, las fuerzas de Guillermo de Normandía desembarcaron en Pevensey sólo tres días después de la batalla de Stamford Bridge. Los normandos construyeron una pequeña fortificación en Hastings, que utilizaron como cuartel general mientras asaltaban los alrededores.

Esto exigió una pronta respuesta por parte de Harold Godwinson, que muy probablemente ya estaba de regreso a Londres cuando se enteró de la invasión de Guillermo. Había dejado una parte de su fuerza en el norte y decidió reponer sus tropas al llegar a Londres, descansando durante una semana. Después, se dirigió al sur, a Hastings, donde se enfrentó a los normandos. El 14 de octubre, en la batalla de Hastings, los ingleses fueron derrotados por los normandos. Harold Godwinson, el último rey anglosajón coronado, murió en la batalla, posiblemente tras recibir el impacto de una flecha en el ojo. Su ejército fue derrotado tras la muerte de su líder.

Los ingleses huyeron a Londres, tratando de organizar una mayor resistencia y dando su apoyo a Edgar Ætheling como próximo rey. Acompañados por los condes Morcar y Edwin, creían que Guillermo atacaría allí a continuación. Sin embargo, Guillermo continuó asolando la campiña meridional, avanzando hacia el este y finalmente tomando Canterbury. Consiguió eludir a las fuerzas inglesas que le perseguían.

Finalmente, los líderes ingleses se sometieron uno a uno a Guillermo, que fue coronado rey de Inglaterra el día de Navidad de 1066 en la recién construida abadía de Westminster. A cambio de la sumisión, Guillermo perdonó la vida a los nobles ingleses, incluido Eduardo. La era del dominio anglosajón en Inglaterra había terminado.

Conclusión

A Guillermo le costó mucho trabajo consolidar su poder sobre Inglaterra tras la conquista de 1066. Muchos nobles anglosajones intentaron organizar rebeliones en los primeros años de su reinado o huyeron del reino. Guillermo, por su parte, comenzó a sustituir a la élite inglesa por normandos, aunque mantuvo los sistemas gubernamentales y administrativos existentes. El sistema anglosajón era muy sofisticado para su época, con Inglaterra ya dividida en unidades que determinaban asuntos importantes, como los impuestos. En lugar de intentar modificar el sistema, Guillermo colocó a algunos de los normandos más destacados en puestos de poder para controlar mejor los asuntos de su reino.

También prometió amnistía a muchos de los antiguos nobles, aunque esperaba que prestaran apoyo militar y levantaran ejércitos de sus dominios en tiempos de necesidad. Muchos fueron despojados de sus tierras, que se redistribuyeron entre los leales seguidores de Guillermo, la mayoría de los cuales eran distinguidos comandantes normandos o ellos mismos nobles. Otros optaron por emigrar. El resultado de la disolución de las antiguas propiedades y su redistribución se menciona en el Libro de Domesday, un manuscrito que registró los resultados de la encuesta realizada en todo el reino en 1086.

En la Iglesia, los anglosajones también fueron sustituidos cada vez más en favor de clérigos normandos. De este modo, la Iglesia inglesa dejó de ser un rival potencial del rey normando.

Además, Guillermo construyó varias fortificaciones importantes por todo el reino, que abasteció con tropas leales para disuadir nuevas rebeliones de la resistencia inglesa. El rey Guillermo, apodado "el Conquistador", tuvo que asegurarse de que la situación en Inglaterra estuviera constantemente bajo control, ya que a menudo estaba ausente, atendiendo asuntos en su ducado natal, al otro lado del canal.

Con todo, una vez arraigados los cambios iniciales aplicados por Guillermo, surgió una Inglaterra radicalmente nueva. Tenía una nueva élite y estaba gobernada por una nueva dinastía que se había originado en el norte de Francia. La conquista normanda también provocó cambios sociales y culturales generalizados, como el reemplazo de muchas palabras del inglés antiguo y el aumento de la influencia francesa. Se volvió a utilizar el latín para los documentos oficiales en lugar del inglés antiguo, un cambio importante que afectó a las altas esferas de la nueva sociedad.

Se calcula que menos de 10.000 normandos se asentaron en Inglaterra durante el periodo posterior a la conquista a principios del siglo XII, y se integraron bien en la sociedad inglesa. Con el tiempo, surgieron nuevas distinciones basadas en el origen y el lugar de residencia. Los ingleses normandos, por ejemplo, eran los nacidos en Inglaterra, pero de origen normando. Pero estas distinciones también se desvanecieron con el tiempo.

En retrospectiva, Guillermo había logrado en Inglaterra lo que ningún otro conquistador pudo. Transformó fundamentalmente la naturaleza de la sociedad inglesa y nunca se enfrentó a una amenaza real que pudiera deshacer esos cambios. Se habían intentado procesos similares durante la conquista vikinga inicial, pero el alcance de aquella invasión del siglo IX nunca llegó tan lejos como la conquista normanda del siglo XI. Las motivaciones de los invasores escandinavos eran muy distintas de las de los normandos (que a su vez eran descendientes de vikingos). Guillermo fue aceptado como rey inglés sin grandes dificultades, y sus descendientes seguirían gobernando Inglaterra.

¿Qué lugar ocupa la conquista normanda en la historia de los anglosajones? Es el acontecimiento que marcó el fin del dominio anglosajón en Inglaterra, una era que había comenzado en algún momento del siglo V. De hecho, las consecuencias de la conquista de Guillermo pueden compararse mejor con el asentamiento anglosajón en Gran Bretaña tras la independencia de los normandos. De hecho, podría decirse que las consecuencias de la conquista de Guillermo pueden compararse mejor con la colonización anglosajona de Gran Bretaña tras la caída de Roma en la Alta Edad Media. Los efectos de ambos procesos fueron generalizados y duraderos.

Aun así, el legado de los anglosajones perduró en Inglaterra hasta nuestros días. Los cambios socioculturales introducidos por los normandos desembocaron en el siglo XIV en el desarrollo del inglés medio como lengua materna de la mayor parte de la población inglesa. Combinaba elementos del inglés antiguo con nuevas palabras aportadas por los normandos. También sobrevivió el orden político establecido durante la dominación anglosajona. Las fronteras de Inglaterra tras la conquista, así como las fronteras modernas del país, fueron forjadas en gran parte en la Edad Media por los anglosajones, al igual que muchas de las ciudades más importantes. La historia de los anglosajones es apasionante de examinar, llena de historias y recuerdos fascinantes que siguen profundamente arraigados en la cultura popular.

Vea más libros escritos por Enthralling History

Fuentes

Brown, M. P., & Farr, C. A. (Eds.). (2005). *Mercia: An Anglo-Saxon Kingdom in Europe*. Bloomsbury Publishing.

Brown, R. A. (1969). *The Normans and the Norman conquest / R. Allen Brown*. (1. publ.). Constable.

Chaney, W. A. (1960). "Paganism to Christianity in Anglo-Saxon England." *The Harvard Theological Review, 53*(3), 197–217. http://www.jstor.org/stable/1508400

Esposito, G. (2021). "The Viking Invasions of England." In *Armies of the Vikings, AD 793-1066*. Pen & Sword Books Limited.

Gebhardt, T. R. (2017). "From Bretwalda to Basileus: Imperial Concepts in Late Anglo-Saxon England?" In T. R. Gebhardt, C. Scholl, & J. Clauß (Eds.), *Transcultural Approaches to the Concept of Imperial Rule in the Middle Ages* (pp. 157–184). Peter Lang AG. http://www.jstor.org/stable/j.ctv6zdbwx.9

Higham, N. J., & Ryan, M. J. (2013). *The Anglo-Saxon world / Nicholas J. Higham and Martin J. Ryan*. Yale University Press. https://doi.org/10.12987/9780300195378

Hindley, G. (2013). *A brief history of the Anglo-Saxons*. Hachette UK.

Keynes, S. (1986). "A Tale of Two Kings: Alfred the Great and Æthelred the Unready." *Transactions of the Royal Historical Society, 36*, 195–217. https://doi.org/10.2307/3679065

Leyser, H. (2019). *A short history of the Anglo-Saxons / Henrietta Leyser*. (First edition.). I.B. Tauris and Company, Limited. https://doi.org/10.5040/9781350985148

Reynolds, S. (1985). "What Do We Mean by 'Anglo-Saxon' and 'Anglo-Saxons'?" *Journal of British Studies, 24*(4), 395–414.

http://www.jstor.org/stable/175473

Williams, A. (2003). *Athelred the Unready: The Ill-Counselled King*. A&C Black.

Fuentes de imágenes

[1] https://commons.wikimedia.org/wiki/File:Roman_Britain_410.jpg

[2] https://commons.wikimedia.org/wiki/File:E-codices_bke-0047_001v_medium_(cropped).jpg

[3] mbartelsm, CC BY-SA 3.0 < https://creativecommons.org/licenses/by-sa/3.0 >, via Wikimedia Commons; https://commons.wikimedia.org/wiki/File:Anglo-Saxon_Homelands_and_Settlements.svg

[4] https://commons.wikimedia.org/wiki/File:Anglo-Saxon_Heptarchy.jpg

[5] https://commons.wikimedia.org/wiki/File:Offa,_King_of_Mercia,_silver_penny,_(obverse).png

[6] https://commons.wikimedia.org/wiki/File:LindisfarneFol27rIncipitMatt.jpg

[7] Hel-hama, CC BY-SA 3.0 < https://creativecommons.org/licenses/by-sa/3.0 >, via Wikimedia Commons; https://commons.wikimedia.org/wiki/File:Mercian_Supremacy_x_4.svg

[8] https://commons.wikimedia.org/wiki/File:Britain_886.jpg

[9] https://commons.wikimedia.org/wiki/File:Athelstan_(cropped).jpg

[10] https://commons.wikimedia.org/wiki/File:Ethelred_the_Unready.jpg

[11] Hel-hama, CC BY-SA 3.0 < https://creativecommons.org/licenses/by-sa/3.0 >, via Wikimedia Commons; https://commons.wikimedia.org/wiki/File:Cnut_lands.svg

www.ingramcontent.com/pod-product-compliance
Lightning Source LLC
Chambersburg PA
CBHW070332010526
44107CB00004B/497